北京古籍叢書

漕運河道圖考

[清]蔡紹江　撰　白帆　點校

北京出版集團
文津出版社

圖書在版編目（CIP）數據

漕運河道圖考 /（清）蔡紹江撰 ；白帆點校. — 北京 ：文津出版社，2023.2
（北京古籍叢書）
ISBN 978-7-80554-826-5

Ⅰ. ①漕… Ⅱ. ①蔡… ②白… Ⅲ. ①大運河—研究—中國 Ⅳ. ①K928.42

中國版本圖書館CIP數據核字（2022）第154647號

項目策劃：安 東 高立志
責任編輯：喬天一 李更鑫 責任營銷：猫 娘
責任印製：陳冬梅 裝幀設計：郭 宇

北京古籍叢書
漕運河道圖考
[清] 蔡紹江 撰 白帆 點校

出　　版　北京出版集團
　　　　　文津出版社
地　　址　北京北三環中路六號
郵　　編　一〇〇一二〇
網　　址　www.bph.com.cn
總 發 行　北京出版集團
經　　銷　新華書店
印　　刷　北京虎彩文化傳播有限公司
開　　本　八八〇毫米×一二三〇毫米　三十二
印　　張　六點六二五
字　　數　四八千字
版　　次　二〇二三年二月第一版
印　　次　二〇二四年三月第二次印刷

書號 ISBN 978-7-80554-826-5
定價：68.00 圓
如有印裝質量問題，由本社負責調換
質量監督電話 010-58572393

整理前言

《漕運河道圖考》是一部記載清代中後期漕運河道情況的圖説。全書共有圖十八幅，每圖前均配有考釋短文一篇，以《運河總考》與《運河總圖》冠於書首，以下依次爲十七段河道之圖、考，先按照自北而南的順序，將京杭大運河分段進行了記載，其次又記載了上江、江西、湖南、湖北四地的運河河道分佈與運道里程。

此書篇幅並不甚長，兼具簡明與詳實兩個特點。簡明者，謂書中圖文皆極簡練，講求實用，不事雕琢；詳實者，謂其面貌雖簡，而藴含信息量頗大。其圖不按比例尺繪製，亦非計里畫方，應歸於示意圖一類。圖中不繪運河沿岸景況風物，只畫河道走向，而重視河道沿途之閘壩、運道之里程、交匯之水脉，將之一一標註明晰。每圖所配圖考，文字平實，只以達意爲主，每篇先記河道之起止、漕運之里程與走向，次及河道之開通、變動、興廢始末及歷代衝決、淤塞、改道、疏濬、修築堤壩、設立關閘等等河工情況，按年代之先後一一羅列。其行文絶不賣弄辭藻或廣徵博引，即使是有關運道、河工的詔令奏議或實施詳情亦不收録，僅概括其意。如《白河考》中記載清康熙時在白河沿線建壩、開河等事，其文曰：「國朝康熙三十九年，聖祖仁皇帝親臨閱視，於武清縣筐兒港建減水石壩，開引河，夾以長堤而注之塌河淀，由賈家沽以入海。楊村上下百餘里河平堤固，有御製碑文誌其事。康熙五十年，以河西務工程緊要，復開務城東至三里屯河，長四百餘丈。」其中對皇帝巡幸、立碑等事皆一筆帶過，既不鋪敘「聖駕親臨」之盛況，也不詳載相關諭旨乃至碑文，堅持衹記何處建壩、何處開河、河工之長度、起止、效果。文字雖然簡單，但已足點明關竅，對於想要了解漕運概況的讀者已經足夠。而讀者若是有意繼續搜求，書中的記載也可爲讀者提供線索，據此探尋，不難找到更爲詳細、全面的記載。將「圖」與「考」對觀，千里運河歷歷在目，不僅可知當時漕河各段的位置、流向與漕運里程，也可知各段河道的開通、廢棄、改道、疏濬始末；不僅可知清代中後期漕運河道的全貌，亦能了解整個漕運河道在歷史上的形成與演變過程。

作者在書前《敘》中稱自己刊行此書的初衷，是希望「如當世君子有留心政務者，採其得而糾正其失，則是編亦取益之一端矣」，可見其本意是希望此書能夠成爲一部實用的參考資料，爲留心漕運事務之人提供一些幫助。今觀此書之面貌，也確實與作者的期望相符合。

此書的作者蔡紹江，字伯澄，號曉沙，湖北蘄水（今湖北省黄岡市浠水縣）人，嘉

慶二十四年己卯科二甲第二名進士，是清代嘉慶、道光年間的學者、官員。〔一〕

從書前自敘可以看出，《漕運河道圖考》是蔡氏在户部任職期間，在參與過管理全國漕運事務的過程中，有感於「《漕運全書》所載《河道考》間有脱誤，未能詳悉」，遂「參考史志」所纂成。結合這一成書背景，再考察其生平與仕宦經歷，可以推斷出此書的完成時間應在道光初年。略論如下：

據《清仁宗實録》記載，蔡紹江高中之後，與同科進士一道於當年閏四月丙申日引見，當日得旨「分部學習」〔二〕，遂入户部供職，授爲主事，即書前自敘中所謂「蒙仁宗睿皇帝以主事用」。而其中式爲官之次年，即嘉慶二十五年十月，嘉慶帝即告駕崩，皇二子旻寧即位，是爲道光帝。他先後在京中部曹行走二十年〔三〕，但在嘉慶朝不過兩年，絶大部分仕宦經歷都在道光一朝。到部之初，他先後供職於户部的貴州司和雲南司，而照清朝的制度，户部各司，除每司對口管理相應省份之外，還同時兼管一項全國範圍内的專門

〔一〕光緒《蘄水縣志》卷十《宦跡》中有《蔡紹江傳》。據是書記載，其人文采、理學均有可稱，著述頗豐，除《漕運河道圖考》之外，尚有《周易補説》《宋名臣言行録》《補編學庸章義》《詠左詩箴》等多部著作。晚年歸鄉之後，他「屏去辭章，專精理學」。身故後入祀故鄉蘄水縣之鄉賢祠。

〔二〕見《清仁宗實録》卷三百五十七。

〔三〕光緒《蘄水縣志》卷十《宦跡》稱其「部曹廿年，勤謹奉職」。見[清]多祺纂修《蘄水縣志》，光緒六年刻本，卷十，第四六頁。以下凡引用《蘄水縣志》，均出同書，不一一註明。

事務，如貴州司兼管全國關稅事務（「黔故權關稅」）；雲南司兼管全國漕運事務（「滇故稽漕務」）。蔡紹江遂由此接觸到關稅、漕運等方面事務。他奉職勤謹，留心實務，在其職責範圍之内，凡事關利病，必與同僚商榷，並稟告堂官。或許，正是因爲在雲南司任職期間需要參與管理漕務，他才會因之發現已有的漕運文獻中存在的問題，從而留心於此，著手編纂本書。以本書呈現出來的條理分明、便利使用的高水準與實用性，若非熟悉漕務尤其運道，且平日處處留心之熟手能員，斷不能爲。而當嘉慶末年之時，蔡紹江尚不過一介新進主事，還處在「分部學習」的階段，即令已經開始接觸漕務，倉促間亦很難精熟，又豈能在短短兩年之内遽成此書？何況其在户部之任職，是先入貴州司，後轉雲南司，考慮到時間極短，他於嘉慶末年之時或許根本還未曾開始接觸漕務，自然就更無由起意自撰《圖考》了。據此分析，此書之編成不應在嘉慶末年，而必在道光初年。又據其自敘所稱，此書成稿之後「已呈司農公閲」，似有準備刊行之意，而不久遭逢「部中因公鐫級百餘員」的大變故。此處所稱「因公鐫級」，係指道光十年私造假照案發，户部官場震動之事。當時受此案牽連者甚衆，户部自堂官至小吏幾乎無不得咎。蔡紹江本人雖未從中牟利（《清史稿·胡培翬傳》稱「惟培翬與蔡紹江無所污」），且方入捐納房當差一年有餘，在官時間不長，並未參與弊案，但仍受到了降二級調用的處罰。《蘄水縣志》中稱他由進士授户部主事之後，又「改刑部四川司主事」。按道光十年十月十四日

《著將失察假照之歷任堂司各官降調、降留上諭》載，蔡氏所受處分爲「降二級調用」〔一〕，據此推測，蔡氏在假照案發後，應被降爲七品京官，後又復官或重新推陞主事，而非直接改調刑部任主事之職。不過，無論蔡氏降職與遷轉的具體經歷如何，至少可以確定的是他因此被調離了户部主事的職位，而此書之編成，則必在道光十年之前。〔二〕至於此書的最終付梓，則應是多年後蔡紹江去官歸里（「釋案牘而從事詩書」）之後的事了。

雖然《蘄水縣志》稱蔡紹江爲官期間「文名震都中」，但其文采至少在《漕運河道圖考》中無所展露——正如前文所述，他只希望此書能夠成爲一部詳實可靠的漕運河道參考手册，而並無意於賣弄才華。不過，此書卻也展現出蔡紹江留心實務、奉職勤謹的另一面——此書之纂成，全在他供職户部期間，而他既然奔走於都中之部曹，自然無暇也無由對遍佈諸省、綿延數千里的漕運河道一一進行實地踏勘。然而翻閲此書，運河全貌宛然如在眼前，則作者平日之於漕務之處處留心，可以想見。是其書前自敘中自稱「雖居末秩，不敢以自負其學者負國恩」，良可信矣。而他評價此書「詞雖不文，亦可寫曩日不敢素餐志也」，也可謂中肯之言。

〔一〕道光十年十月十四日《著將失察假照之歷任堂司各官降調、降留上諭》，收於方裕謹選編《道光十年私造假照案》，中國第一歷史檔案館，第四七頁。

〔二〕此後他又從四川司主事陞任山東司員外郎，充則例館纂修官。這一系列任職經歷，均在此次鐫級之後，但與本書的編纂無關，茲不贅述。

此書篇幅不長，繪圖僅志其大略而已，辭藻更不華麗，但其價值則不可小覷，是一部頗具參考價值的漕運史料。同時，作爲運河之北端，也是元明清數百年間漕運的終點，北京境内同樣流淌着大運河的水系——大運河的北段有相當一部分河道如大通河、會通河（即今之通惠河）等，至今仍在北京境内留有遺跡。本書所載之圖與圖考，既承載着數百年來的運河文化，同時也是北京輿圖之重要一端。無論是挖掘大運河文化帶的内涵並進行進一步的研究，還是研究北京相關輿地，本書都有重要的參考價值，能夠對相關學者有所助益。

係據國家圖書館藏本爲底本，爲最大程度保留原書原貌，本次整理出版時，先將全書整本影印，再將書中各圖之前的考釋之文作簡單的斷句標點，置於書影之後，以便對照閲讀。對於文中夾註的雙行小字，點校時改爲小號楷體，以示與正文有別。除極個別明顯訛誤之外，未對原文進行改動。偶有改動之處，均隨文注出，以備參考。

另，此書雖題名曰《漕運河道圖考》，其實在圖考之後尚附有税務説帖四篇、《海運議》一篇，均爲作者在户部供職期間之公務文牘，説理明確，議論可觀。不便割裂，今一併點校整理，以求存書之原貌。

囿於點校者自身學養所限，本次整理或許存在訛誤之處及可改進的空間，尚望方家學者不吝指正。

漕運河道圖考目録

蘄水蔡紹江伯澄纂

國家圖書館藏本

敘……五
目録……九
運河總考……一三
運河總圖……一九
大通河考……二五
大通河圖……二七
白河考……三一
白河圖……三五
衛河考……三九
衛河圖……四三
會通河考……四七
會通河圖……五一
新河考……五七
新河圖……六一
泇河考……六五
泇河圖……六九
中河皂河考……七三
中河皂河圖……七七
淮安運河考……八一
淮安運河圖……八九
高寶運河考……九三
高寶運河圖……九七
瓜儀運河考……一〇一

瓜儀運河圖……一〇五
丹陽運河考……一〇七
丹陽運河圖……一〇九
蘇州運河考……一一一
蘇州運河圖……一一三
浙江運河考……一一五
浙江運河圖……一一七
上江運道考……一二一
上江運道圖……一二三
江西運道考……一二七
江西運道圖……一二九
湖北運道考……一三三
湖北運道圖……一三五
湖南運道考……一三九
湖南運道圖……一四一
附録……一四五
海運議……一五五

整理本

敘……一六五
運河總考……一六七
大通河考……一六九
白河考……一七〇
衛河考……一七一
會通河考……一七二
新河考……一七四
泇河考……一七五
中河皂河考……一七六
淮安運河考……一七八
高寶運河考……一八一

瓜儀運河考……一八三
丹陽運河考……一八五
蘇州運河考……一八六
浙江運河考……一八七
上江運道考……一八八
江西運道考……一八九
湖北運道考……一九〇
湖南運道考……一九一
附録……一九二
海運議……一九六

國家圖書館藏本

漕運河道圖考

敘

紹江自十七歲舉於鄉七上公車至嘉慶己卯始成進士以二甲第二八蒙

仁宗睿皇帝以主事用自念井閭書生得叨祿仕雖居末秩不敢以自負其學者負

國恩晨趨署黽勉襄公公退則與生徒課經義衣冠車馬之費清俸不給則以生徒之脩脯佐之不義之物一介不取也始在農部黔司行走黔故權關稅見有事關商民利病者必商確同官白諸大司農嗣兼攝滇司滇故稽漕務見有事

關軍民利病者必商確同官白諸大司農見漕運全書所載河道考間有脫誤未能詳悉者爰參考史志成運河圖考一冊已呈司農公閱嗣部中因公鐫級百餘員江　素行既爲天下所共諒又得釋案牘而從事詩書固厚幸也唯以未獲仰報

天恩爲悚惶耳其運河圖考及稅務說帖數草尚存經案頭友人見之以爲頗費苦心勸令付梓予以詞雖不文亦可寫曩日不敢素餐志也如當世君子有留心政務者採其得而糾正其失則

是編亦取益之一端矣遂不自藏其敝帚云

漕運河道圖考目錄

蘄水蔡紹江伯澄纂

運河總考
運河總圖
大通河考
大通河圖
白河考
白河圖
衛河考
衛河圖

會通河考
會通河圖
新河考
新河圖
泇河考
泇河圖
中河皂河考
中河皂河圖
淮安運河考
淮安運河圖

高寶運河考
高寶運河圖
瓜儀運河考
瓜儀運河圖
丹陽運河考
丹陽運河圖
蘇州運河考
蘇州運河圖
浙江運河考
浙江運河圖

漕運河道圖考 二

上江運河考
上江運河圖
江西運道考
江西運道圖
湖北運道考
湖北運道圖
湖南運道考
湖南運道圖

漕運河道圖考

蘄水蔡紹江伯澄纂

運河總考

自元代定鼎燕都資粟東南故北之通惠河南之會通河其創制多自元始然其時海河並運或水陸兼行河道又係初開岸狹水淺不能負重每歲僅運數十萬石漕河之利未備也明自永樂九年後因元人舊制而益爲疏濬浮江涉淮泝河逾濟而北達於漳衛我

朝監元明而增善其制歲運京通倉者數百萬漕

漕運河道圖考 一

河洵

國計民生所重繫矣約而論之山東河南淮北之粟既各由近道以達於京其由江入淮如吳楚浙諸省之運皆以揚州為咽喉吳越之粟由瓜州壩以達於揚湖廣江西及上江之粟皆由儀徵壩以達於揚自揚州經高郵寶應以達於淮安計三百餘里淮安城西即明平江伯陳瑄所濬之清江浦也由清江入淮稍折而北乃為清口正淮黃會合之地由清口渡黃歷清河宿遷而達邳州之泇口計二百餘里則

國朝康熙時所開之中河皂河也自泇口過黃林莊經山東臺莊八閘過微山湖而底屬江南沛縣之夏鎮則明河臣李化龍所開之泇河也自夏鎮經獨山昭陽諸湖而底山東魚臺縣之南陽鎮計一百一十二里則明河臣朱衡所開之新河也自南陽鎮入濟寧州經南旺湖分水過東昌而抵臨清州計五百餘里則元代所開之會通河也由臨清歷武城夏津德州入直隸之景州吳橋東光寧津而底天津計一千餘里皆衛河也天津而北經直沽河西務而至通州之

張家灣計二百八十里則白河也由張家灣入大通河歷普濟平津慶豐諸閘則至大通橋而遡京倉矣夫漕河歷代皆由人力開引故沿途多借資他澤白瓜儀至淮安則南資高寶諸湖之水西資清口所入之淮水自清口至濟寧則資沂泗諸水自濟寧至臨清則資汶河及兗沂諸泉水水太盛則防其衝决水太淺則防其滯澁爰開引河以暢其流築堤壩以備其衝洩設閘板以謹其收放我

朝

列聖宵旰籌畫具詳實錄中司事之臣惟有實心保固
因時制宜庶運道永有安瀾之庥而糧艘悉獲
駛行之利哉

運河總圖

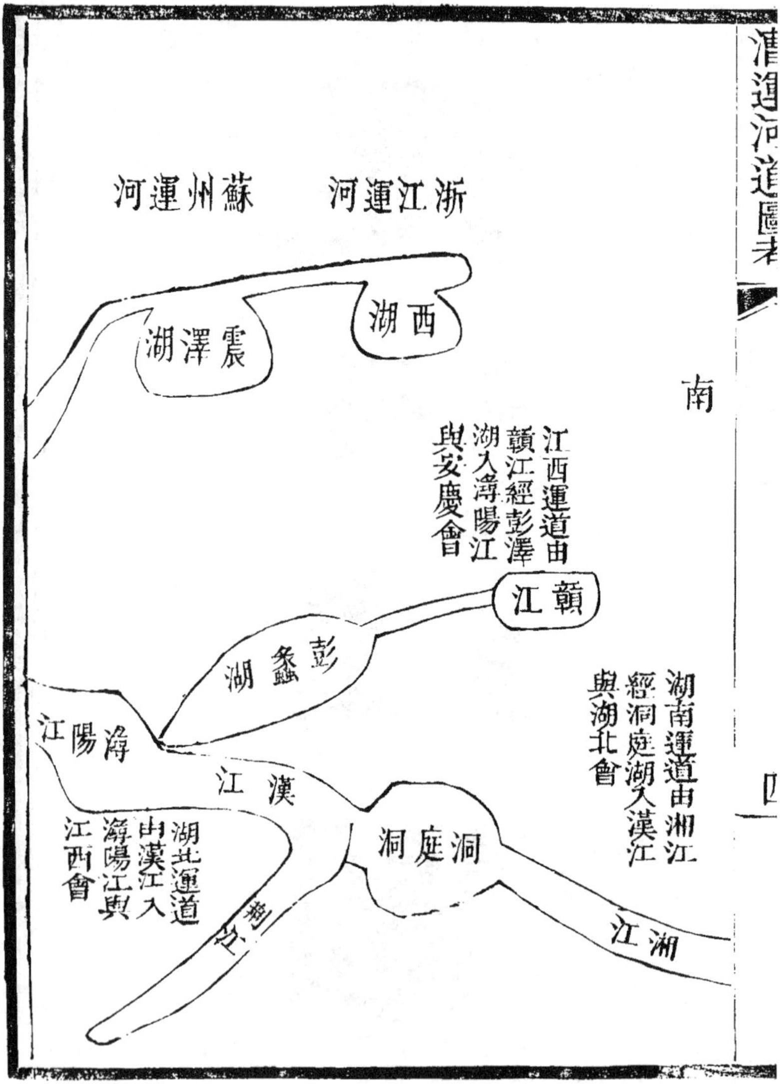
浙江運河
蘇州運河
西湖
震澤湖
江西運道由贛江經彭澤湖入潯陽江與安慶會
贛江
彭蠡湖
湖南運道由湘江經洞庭湖入漢江與湖北會
潯陽江
漢江
洞庭洞
湖北運道由漢江入潯陽江與江西會
荊江
湘江

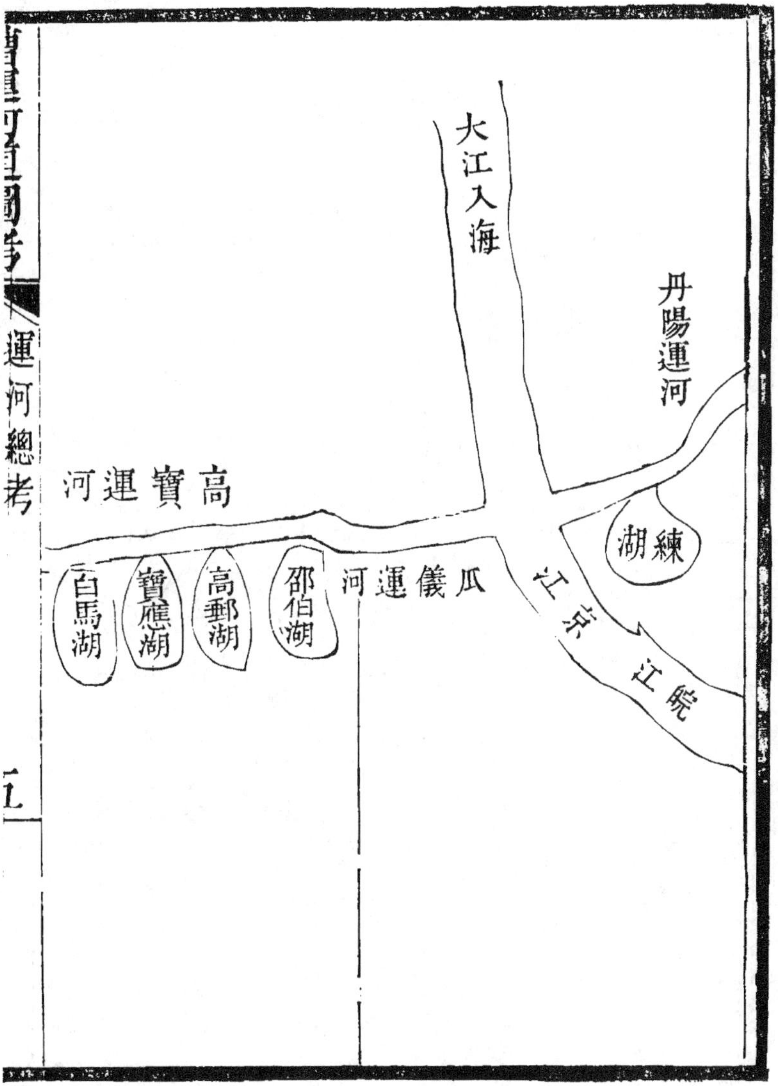
大江入海
丹陽運河
高寶運河
練湖
瓜儀運河
邵伯湖
高郵湖
寶應湖
白馬湖
京江
皖江

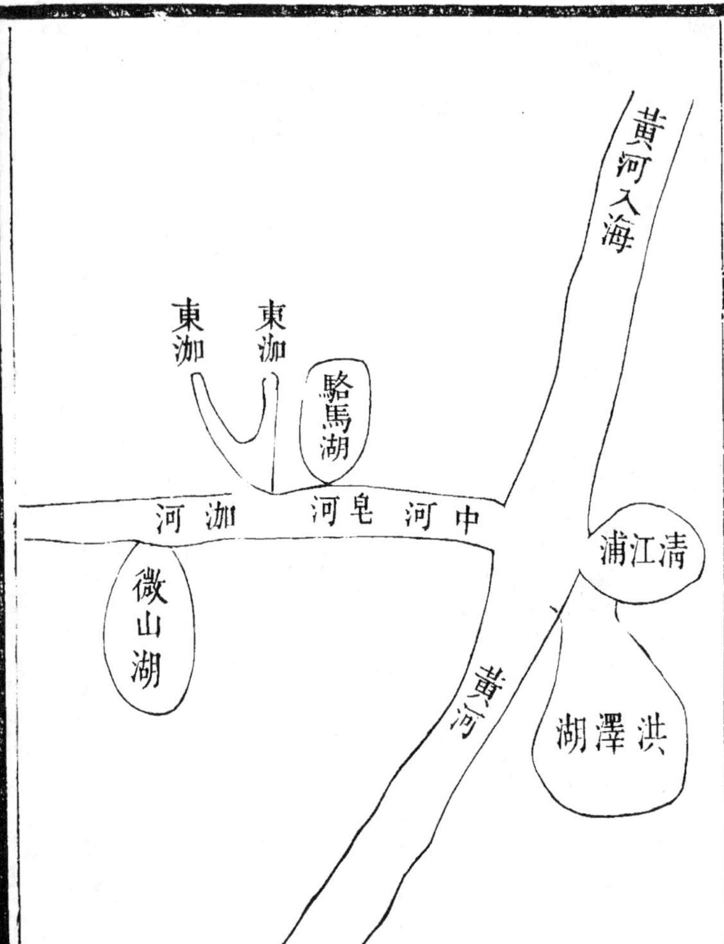
黃河入海
東泇
東泇
駱馬湖
中河
皂河
泇河
清江浦
微山湖
黃河
洪澤湖

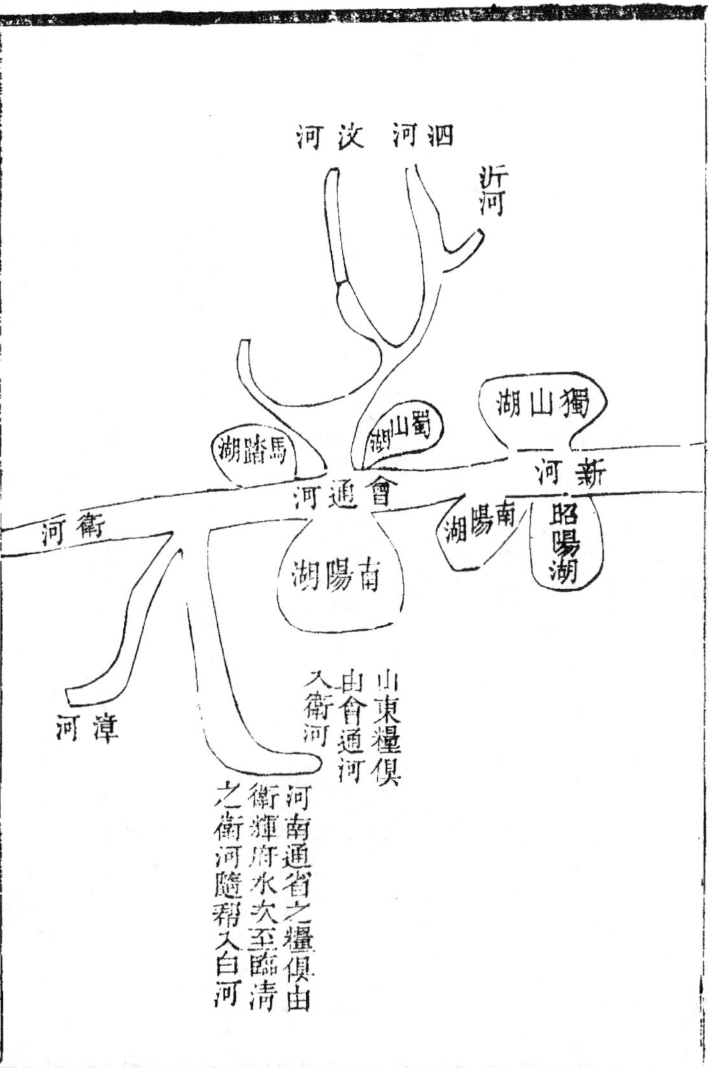
汶河
泗河
沂河
馬踏湖
蜀山湖
獨山湖
新河
會通河
衛河
南陽湖
南陽湖
昭陽湖
漳河
山東糧俱由會通河入衛河
河南通省之糧俱由衛輝府水次至臨清之衛河隨帮入白河

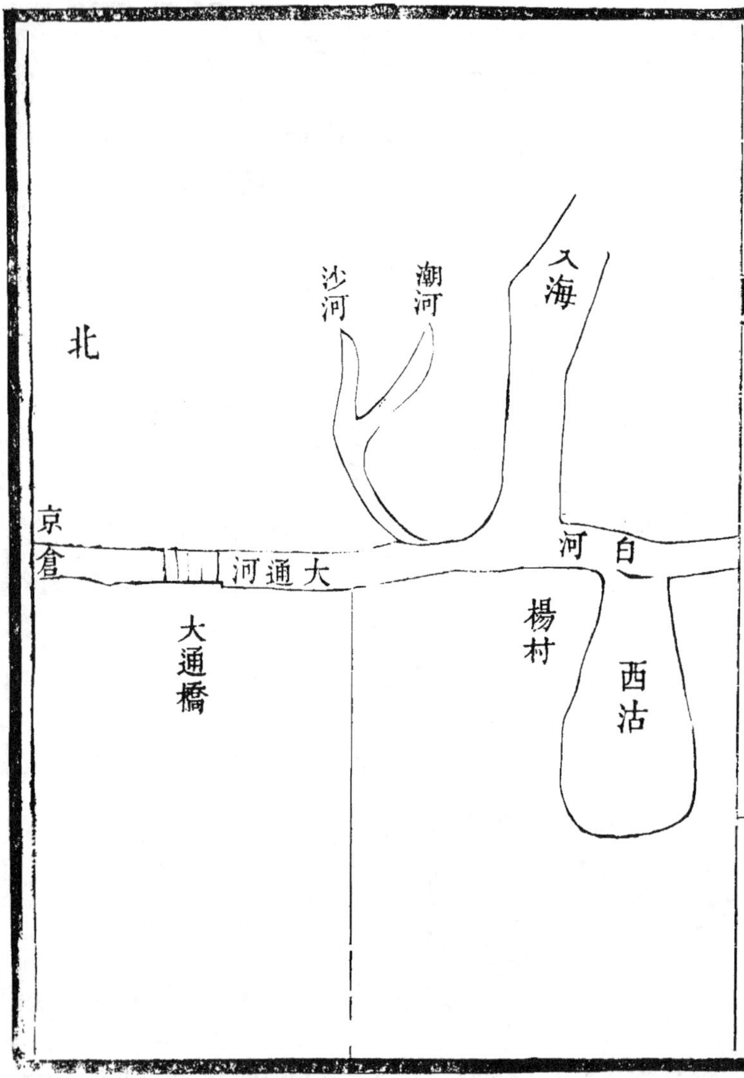
北
京倉
大通河
大通橋
沙河
潮河
入海
白河
楊村
西沽

大通河考

大通河舊名通惠河又曰裏漕河乃元至正二十九年春都水監郭守敬所開也源出昌平州白浮村神山泉西南會一畝馬眼諸泉又經玉泉山東繞甕山今名萬壽山匯爲七里濼東入都城又匯爲積水潭南出玉河橋水門合南北城河經大通橋而東至通州高麗莊與白河會凡一百六十里一百四步每十里設一閘以免漕運陸輓之勞時漕舟可以直達城內之積水潭明永樂間諸閘猶存不以濟運且以積水潭在禁

城內漕舟既集不便停泊又分流入大內然後南出其啟閉蓄洩尤非人所得專故通惠河漸淤嘉靖六年始濬大通橋起至通州城北之石壩凡四十里因地勢高下修慶豐上下二閘平津上中下三閘又東爲普濟閘以蓄水並造剝船置口袋責經紀承領遞相轉輸以達於京

國朝乾隆年間擴萬壽山之西湖爲昆明湖分水東注而大通河之上流益暢其每歲挑濬運道泥淺則責成坐糧廳監督焉

大通河圖

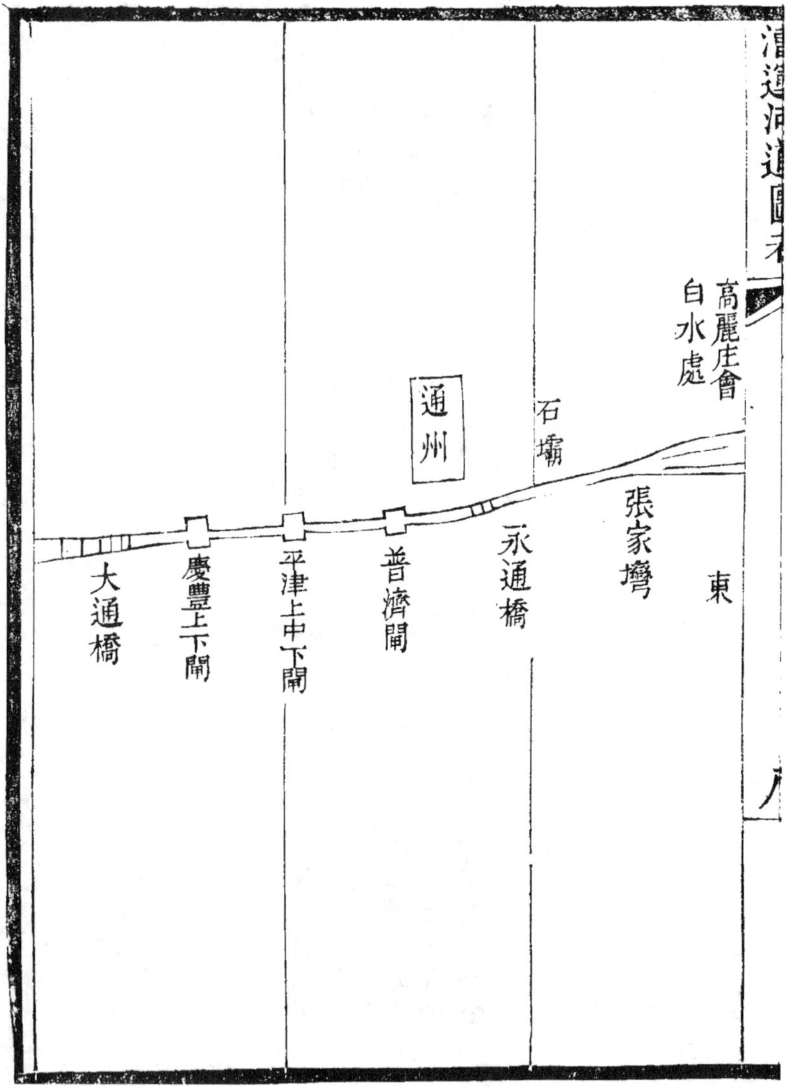
高麗庄會
白水處
石壩
通州
張家灣
東
永通橋
普濟閘
平津上中下閘
慶豐上下閘
大通橋

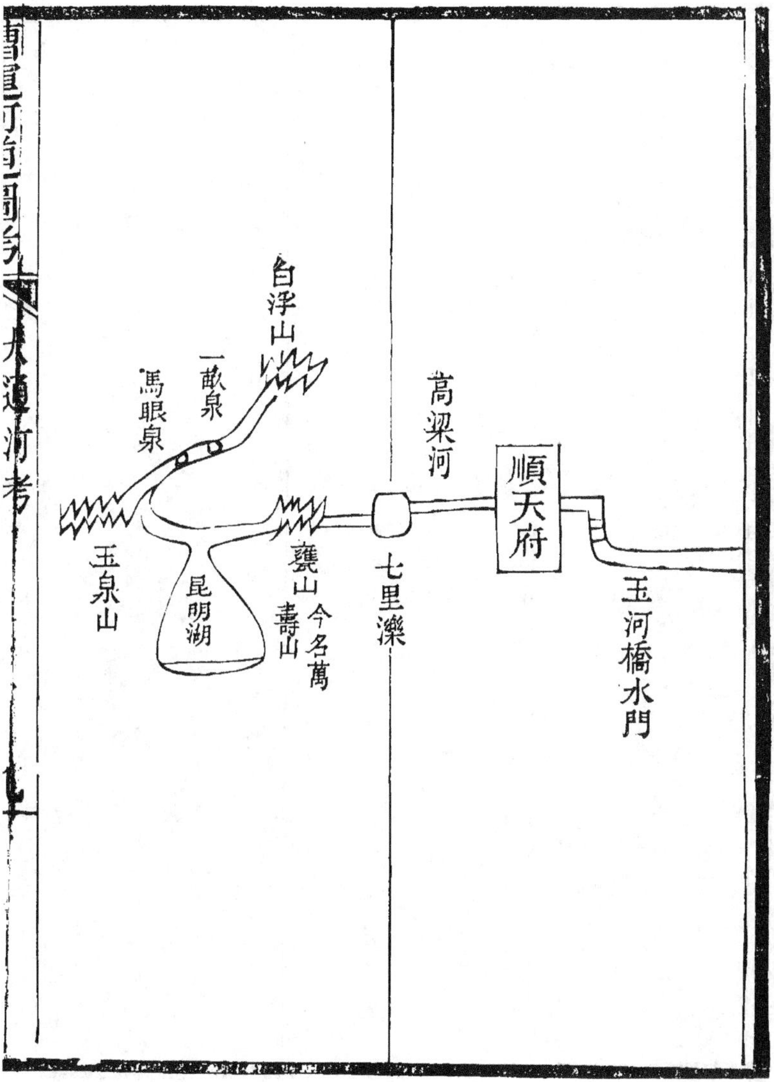
大通河考
白浮山
一畝泉
馬眼泉
玉泉山
昆明湖
甕山今名萬壽山
七里濼
高梁河
順天府
玉河橋水門

漕運河道圖考

白河考

白河即北運河古沽水也亦曰潞河源出宣化府赤城縣之湯泉流經塞外入密雲縣之石塘嶺過縣西入通州界其支流亦從石塘嶺過懷柔縣西順義縣東入通州東境合焉東南經漷縣武清而入直沽凡三百六十里合衛河入海

按直沽入海之地白河自北來衛河自南來丁字沽子牙河諸水自西來衆川奔會白河又會潮榆桑乾通惠之水源高勢峻有若建瓴每夏秋暴漲最易衝决明季從水部議挑通州至天

津白河深四尺五寸所挑河工即築堤兩岸

國朝康熙三十九年

聖祖仁皇帝親臨閱視於武清縣筐兒港建減水石壩

開引河夾以長堤而注之塌河淀由賈家沽以

入海楊村上下百餘里河平堤固有

御製碑文誌其事康熙五十年以河西務工程緊要復

開務城東至三里屯河長四百餘丈雍正四年

從怡賢親王議拓筐兒港舊壩闊六十丈展引

河改築長堤七年疏濬賈家沽道壩門以下河

水安流而河西務一帶距壩稍遠山水暴至又

復漫溢

世宗憲皇帝指授方畧於河西務上流之青龍灣建壩

四十丈開引河而注之七里淀仍展開寧沽車

河導七里海水而洩之北塘口上下分洩運道

民生均獲安謐云

白河圖

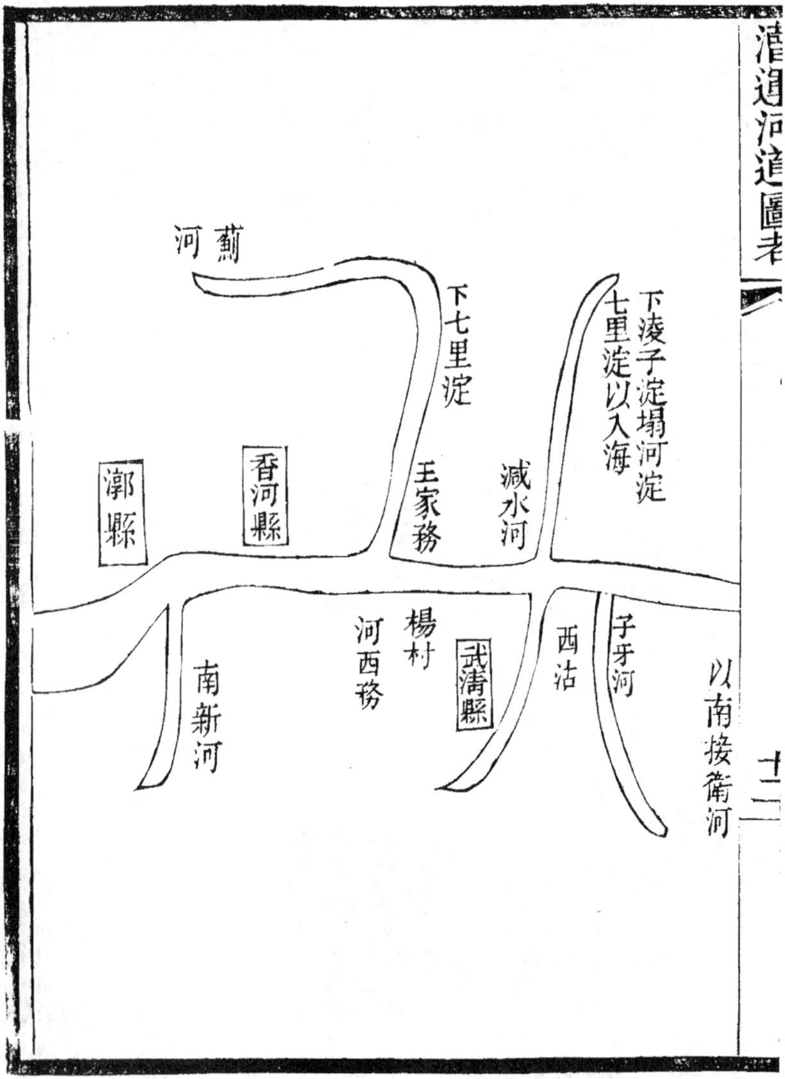
漕運河道圖考
十二
薊河
下七里淀
下淩子淀塌河淀
七里淀以入海
漷縣
香河縣
王家務
減水河
楊村
河西務
武清縣
西沽
子牙河
南新河
以南接衛河

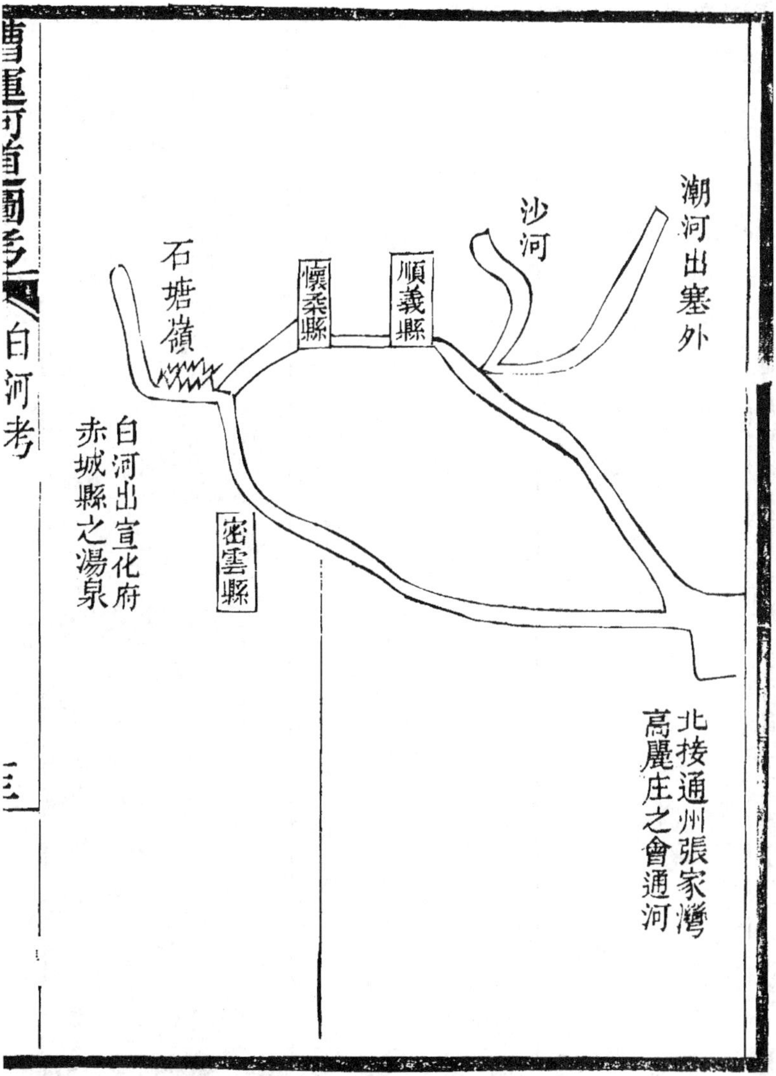
白河考
三
潮河出塞外
沙河
順義縣
懷柔縣
石塘嶺
白河出宣化府赤城縣之湯泉
密雲縣
北接通州張家灣高麗庄之會通河

衛河考

衛河卽南運河也源出河南衛輝府輝縣之蘇門山百門泉（泉在輝縣城西北七里）經新鄉縣北過衛輝府東北入直隸大名濬縣境謂之白溝河（此南白溝河也與北白溝河異）洪水入焉本西漢時大河所經後漢建安時亦嘗由此運漕隋大業中役丁夫百萬引白溝爲永濟渠亦曰御河由南達北幾二千里宋皇祐初河合永濟渠仍爲大河所經南渡後大河南徙而衛河如故金元以來皆漕運所經也今衛河由濬縣經大名府東北流與屯氏

河相接歷山東東昌府館陶縣漳河合焉又東北流至臨清州板閘至德州柘園計長三百五十里由柘園入直隸界經吳橋東光交河南皮滄州青縣靜海至天津又六百餘里元初漕舟由黃河至封邱陸運百八十里由淇門入御河以達京師蓋用衛河之全也今自臨清始入衛河蓋用衛河之半云前明於衛河開減水河二一在滄州南十五里一在故興濟縣南以備衛河泛溢久而湮塞

國朝雍正三年怡賢親王奉

命開減水河二河各建滾水石壩挑濬舊河分道入海
衛河北至天津始無中路泛溢之虞矣

衛河圖

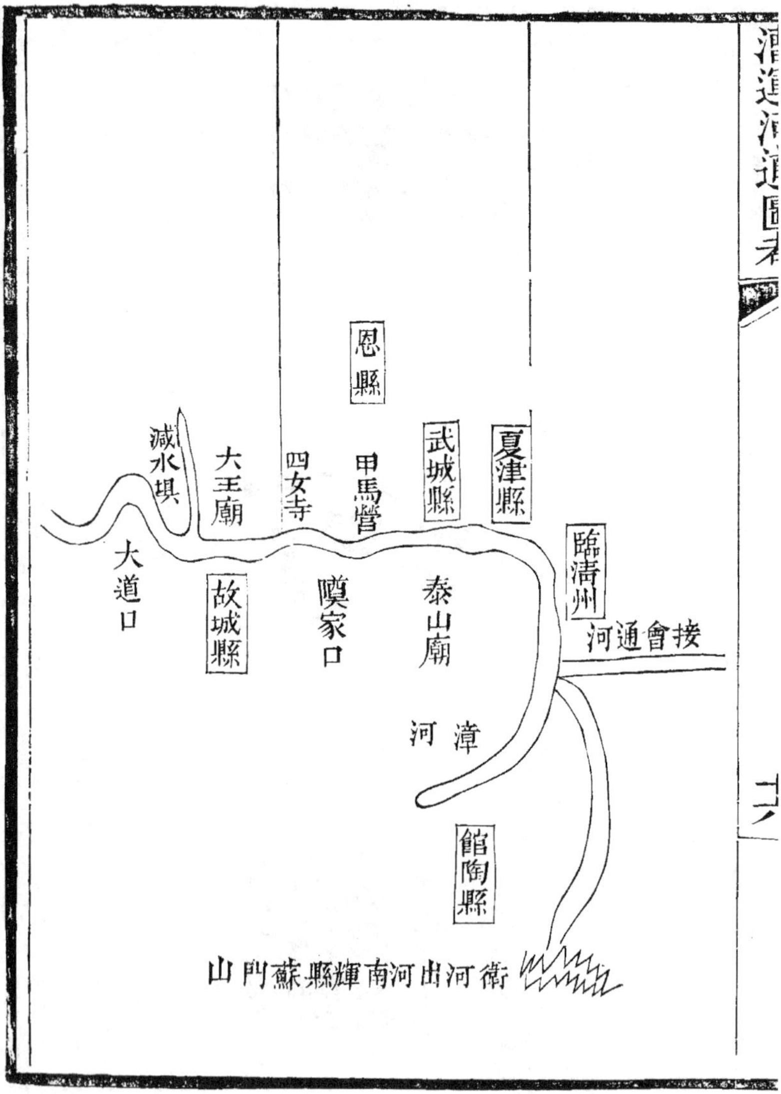

漕運河道圖考
十八
恩縣
武城縣
夏津縣
臨清州
減水埧
大王廟
四女寺
甲馬營
大道口
故城縣
嘆家口
泰山廟
接會通河
漳河
館陶縣
衛河出河南輝縣蘇門山

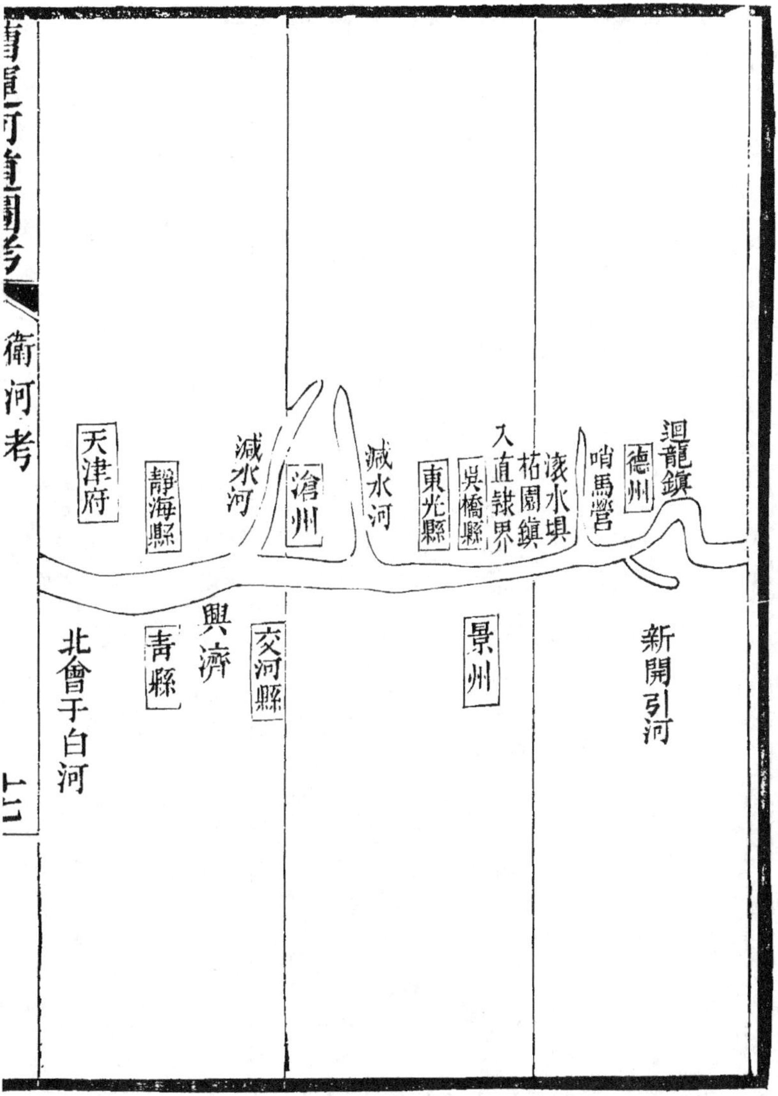
衛河考
迴龍鎮
德州
哨馬營
滚水垻
柘園鎮
入直隸界
吳橋縣
東光縣
減水河
滄州
減水河
靜海縣
天津府
新開引河
景州
交河縣
興濟
青縣
北會于白河

會通河考

運河自濟寧州之南陽鎮北至臨淸州之板閘凡五百餘里皆會通河也以其沿途置閘故又名曰閘河以其兼資汶泗洸沂諸泉水故又名曰泉河元初轉漕之路自浙西入江淮由黃河至中灣登陸以至淇門復由衛河登舟以達於燕京至元二十年以江淮水運不通命兵部尚書李奧魯赤等自濟寧州開河達於東平州之安民山凡一百五十餘里北至奉符爲一閘曰堽城以導汶水入洸東北自兖州爲二閘曰金

口曰黑風口以過泗沂二水亦會於洸以出濟寧之會源閘按會源閘即今之天井閘分流南北南自任城至沽頭按任城即今之濟寧州沽頭在沛縣其西北流者至安民山入清濟故瀆按清濟即今之大清河經東阿至利津入海其後海口沙淤又從東阿舍舟陸運經二百里抵臨清以下御河至元二十六年從壽張縣尹韓仲暉太醫院令邊源之請復自安民山西南開河由壽張西北經東昌以至臨清凡二百五十里引汶絶濟直歸漳衛各會通河明洪武初河決原武黑羊山漫過安山湖而會通河漸

淤永樂九年因濟寧府同知潘叔正言遣尚書
宋禮疏濬會通河故道禮以會通之源必資汶
水乃從汶上老人白英計於寧陽北築堽城壩
以遏其入洸之流於坎河之西築戴村壩以阻
其入海之路使全汶西南流由黑馬溝至汶上
之南旺口分而爲二北流抵臨津者十之六南
流達濟寧者十之四按今分口流北者十之三流南者十之七因地勢北高南下故變焉又浚沙河以益汶開汶上袁家口新河
左徙二十里至壽張之沙灣以接於舊河而會
通河以復焉然河源之最微者莫如會通全資

南旺蜀山安山馬踏諸湖以爲之儲蓄諸湖水大則運河易衝決故壩以障其入諸湖水小則運河愈微故壩以障其出流駛而不積則涸故秋後則閉閘以待其盈春後則開之以濟運閘之減水者謂之斗門閘之蓄水者謂之涵洞沙淤之處則令近河各州縣按里設夫以時其挑濬此治會通河之大畧也

會通河圖

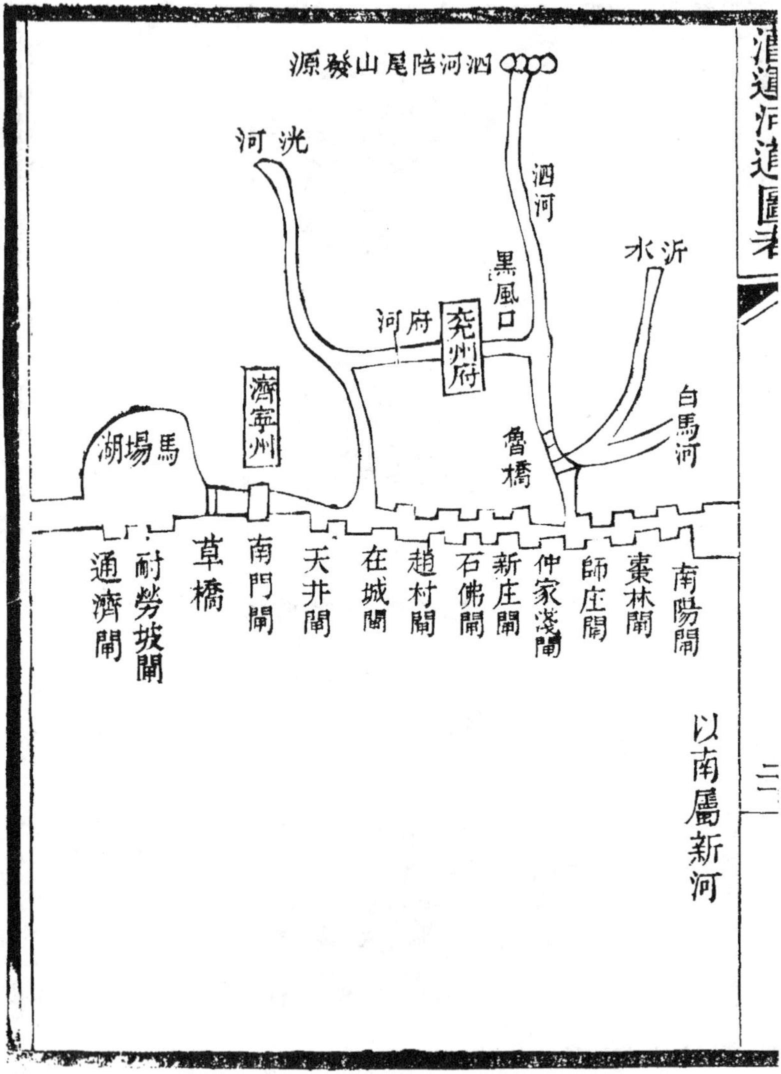

泗河陪尾山發源
洸河
泗河
沂水
黑風口
府河
兖州府
濟寧州
白馬河
魯橋
馬場湖
南陽閘
棗林閘
師庄閘
仲家淺閘
新庄閘
石佛閘
趙村閘
在城閘
天井閘
南門閘
草橋
耐勞坡閘
通濟閘
以南屬新河

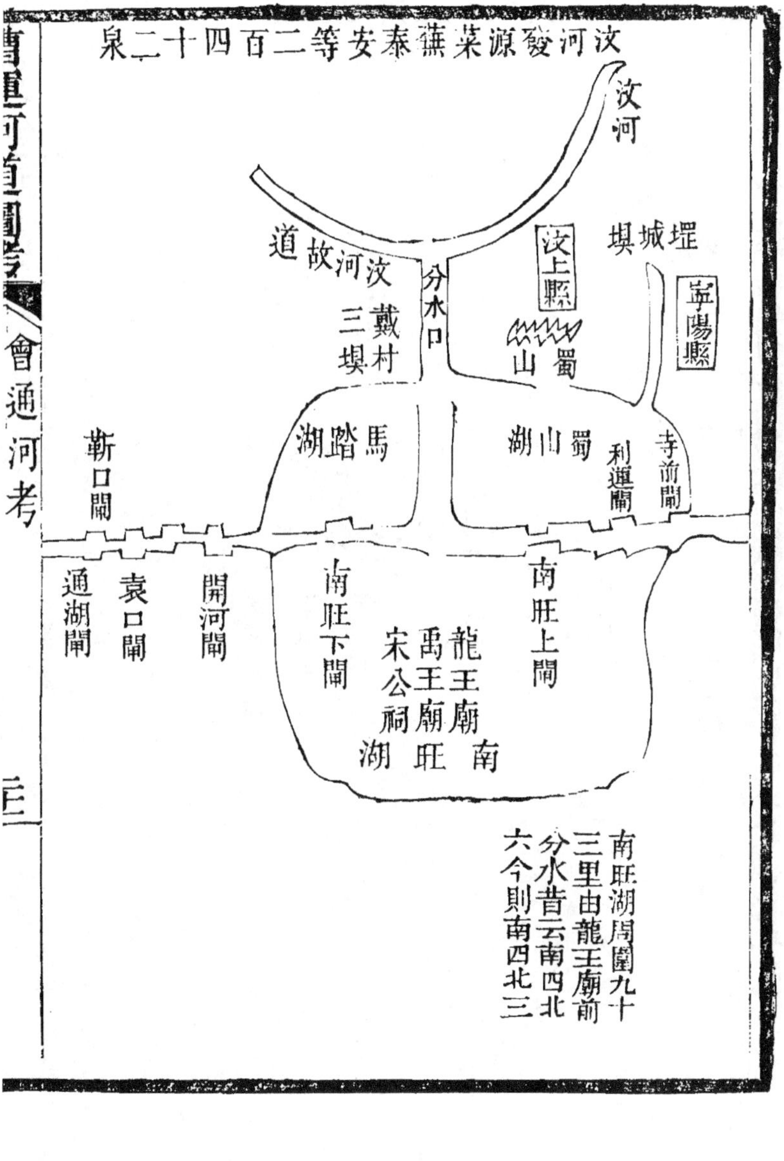
汶河發源萊蕪泰安等二百四十二泉
汶河
汶河故道
分水口
戴村三壩
汶上縣
堽城壩
寧陽縣
蜀山
馬踏湖
蜀山湖
利運閘
寺前閘
靳口閘
通湖閘
袁口閘
開河閘
南旺下閘
南旺上閘
龍王廟
禹王廟
宋公祠
南旺湖
南旺湖周圍九十三里由龍王廟前分水昔云南四北六今則南四北三

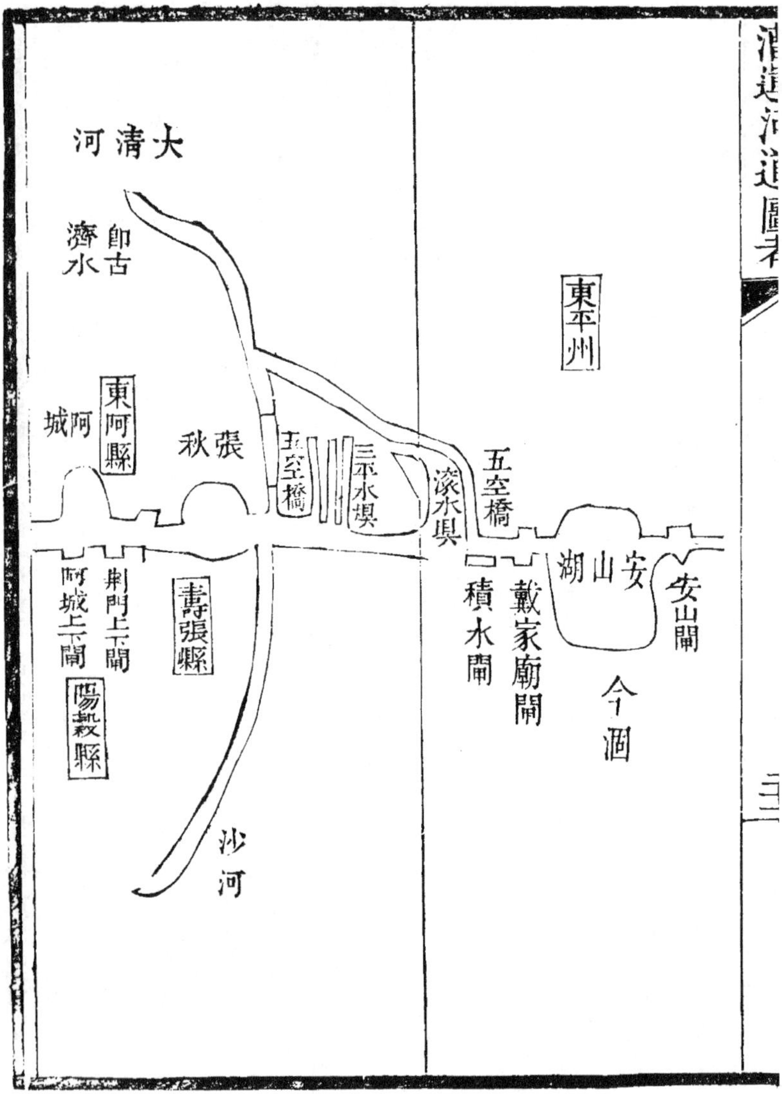

大清河
卽古濟水
東平州
東阿縣
阿城
張秋
五空橋
三平水埧
滚水埧
五空橋
安山湖
安山閘
荊門上下閘
阿城上下閘
壽張縣
陽穀縣
積水閘
戴家廟閘
今涸
沙河

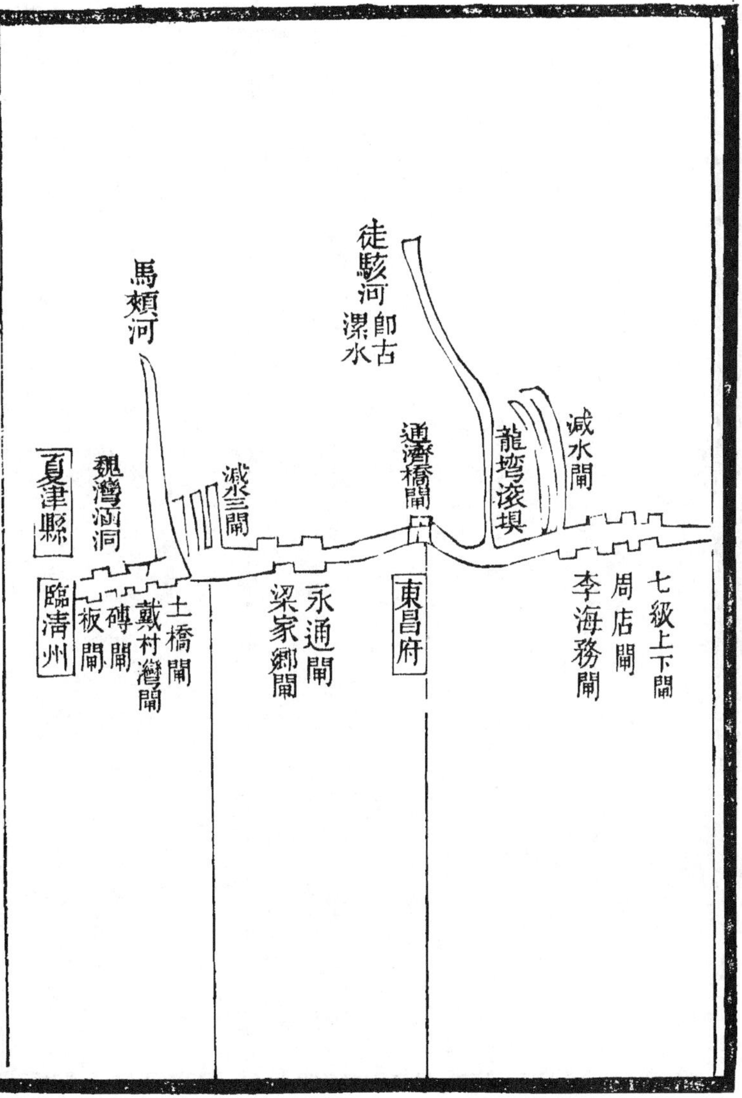
徒駭河
即古漯水
減水閘
龍彎滾壩
通濟橋閘
東昌府
七級上下閘
周店閘
李海務閘
永通閘
梁家鄉閘
減水三閘
馬頰河
魏灣涵洞
夏津縣
土橋閘
戴村灣閘
磚閘
板閘
臨清州

新河考

新河者明河臣朱衡所開以避黃利運者也元時糧艘過淮由黃河行七百里至永樂九年會通河成其運道從黃河之栲栳灣經呂梁百步二洪出邳州城東北大浮橋歷小浮橋至茶城乃爲北接閘河之口又六十餘里至沛縣之沽頭閘又六十餘里入魚臺縣界嘉靖七年河決曹單入沛縣之昭陽湖沙泥集壅運道大阻廷臣胡世寧等言宜於昭陽湖東岸滕沛魚臺鄒縣地方名獨山新安社諸處別開一河南接留

按留城在沽頭城閘南二十里
北接沙河口二處舊河所謂
不與水爭地也旋爲異議所阻至嘉靖四十五
年河决運阻工部尚書朱衡謂黃水難消惟此
地形高土堅且河路捷徑輓輸更便乃加力開
濬創利建珠梅夏鎮柳莊四閘并砌馬家橋石
隄開東邵王家等河以洩沙薛兩河之水其昭
陽湖之積水復大挑回回墓河以爲之出此運
道俱由新河其河起南陽至夏鎮一百十二里
又接夏鎮至留城三十餘里然夏鎮以南地逼
於黃不勝黃水之灌於是李化龍等復議開泇

河以避之故至今用爲運道者惟自南陽迄夏

鎮焉

漕運河道圖考

新河圖

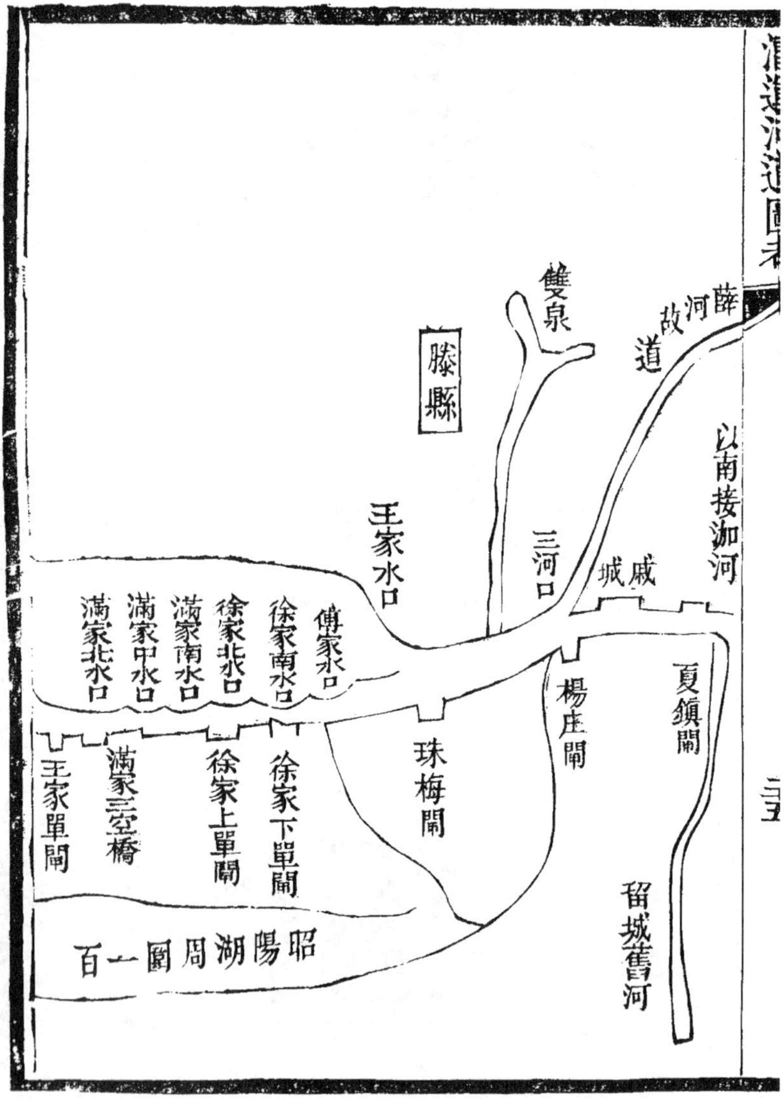
漕運河道圖考
雙泉
薛河故道
滕縣
以南接泇河
王家水口
三河口
戚城
傅家水口
徐家南水口
徐家北水口
滿家南水口
滿家中水口
滿家北水口
楊庄閘
夏鎮閘
珠梅閘
徐家下單閘
徐家上單閘
滿家三空橋
王家單閘
昭陽湖周圍一百
留城舊河

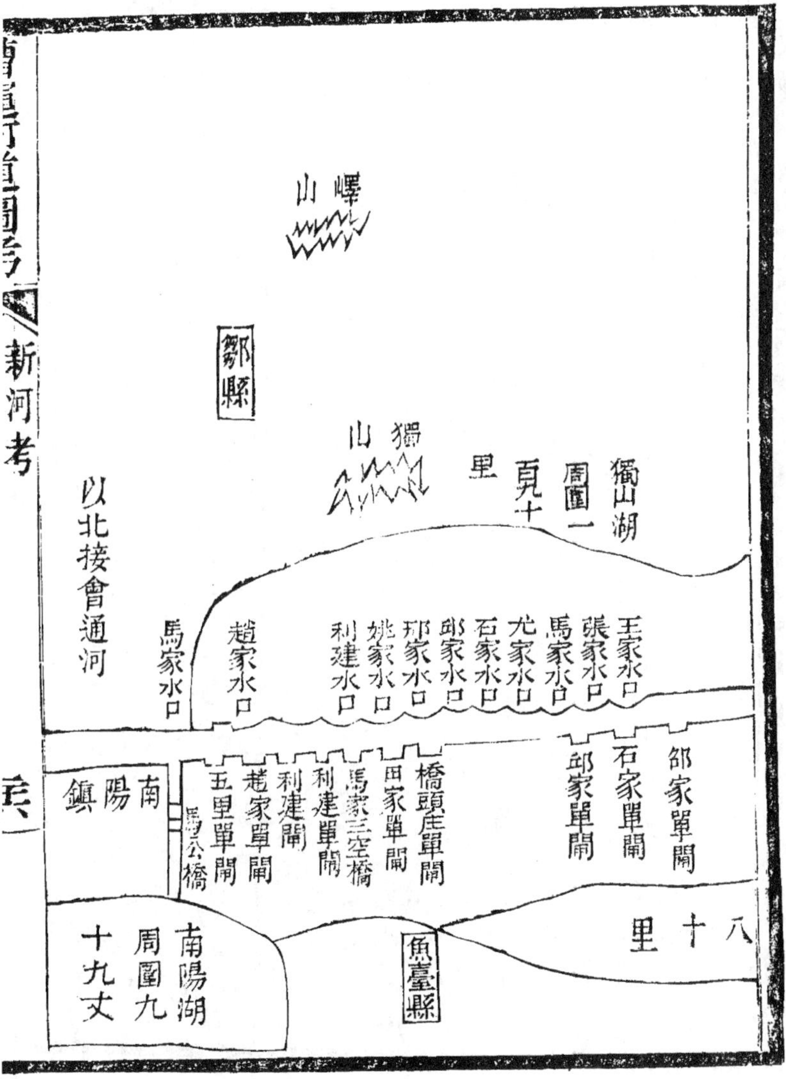
新河考
嶧山
鄒縣
獨山
獨山湖周圍一百九十里
以北接會通河
馬家水口
趙家水口
利建水口
姚家水口
邢家水口
郗家水口
石家水口
尤家水口
馬家水口
張家水口
王家水口
南陽鎮
馬公橋
五里單閘
趙家單閘
利建閘
利建單閘
馬家三空橋
田家單閘
橋頭庄單閘
郗家單閘
石家單閘
部家單閘
南陽湖周圍九十九丈
魚臺縣
八十里

漕運河道圖考

三六

泇河考

泇河者明河臣李化龍所開以避黃利運者也以東西兩泇水得名東泇發源費縣箕山經沂州卞莊而南西泇出嶧縣抱犢山東南流至三合村與東泇合又南合武河至邳州入泗謂之泇口明初運道經徐州呂梁二洪懸流水險隆慶初都御史翁大立屢請開泇自馬家橋至邳州以避二洪之險因經費難籌而止萬歷二十一年汶泗泛濫堤潰運阻挑韓莊中心溝通彭河水道以入黃而泇口始闢其後二十五年河

決黃移二洪告涸乃令河臣劉東星尋韓莊故道鑿良城侯遷閘及挑萬莊由黃泥灣至宿遷董家口而泇脉始通至三十年河決沛縣由昭陽湖穿夏鎮橫衝運道總河李化龍乃復請開泇行運自夏鎮迄於董口綿亘二百六十里以避黃河三百六十里之險改李家港以避河淤開王市田家口以遠湖險中鑿郗山以展河渠建韓莊臺莊侯遷頓莊丁廟萬年德勝張莊等八閘以節宣水利漕臣楊一鵬復修改避灣取直祇長二百六十里河臣曹時聘復大加展拓

建壩遏沙修堤度繂增河官立公署而洳爲坦途矣

國朝乾隆二十三年於湖口閘迄北建滚水石壩水大則漫壩宣洩水小則收蓄濟運於漕運民田均資利賴

泇河圖

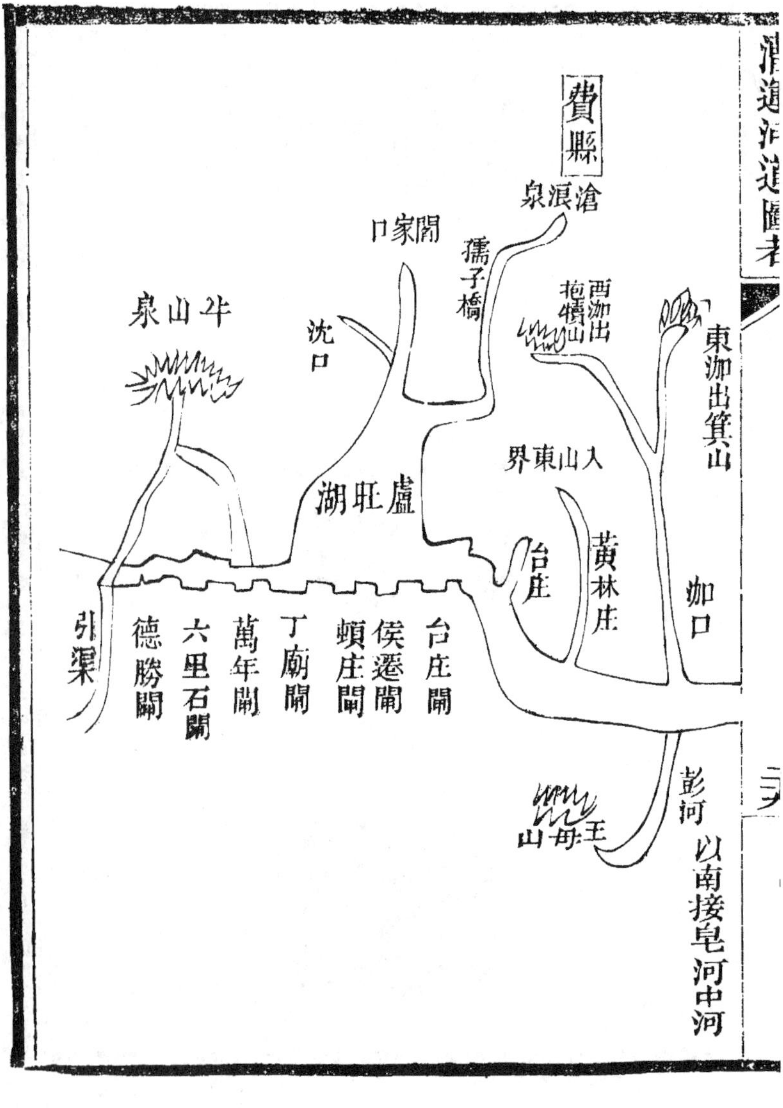
費縣
滄浪泉
閻家口
孺子橋
牛山泉
沇口
西泇出抱犢山
東泇出箕山
入山東界
盧旺湖
台庄
黃林庄
泇口
引渠
德勝閘
六里石閘
萬年閘
丁廟閘
頓庄閘
侯遷閘
台庄閘
彭河
王母山
以南接皂河中河

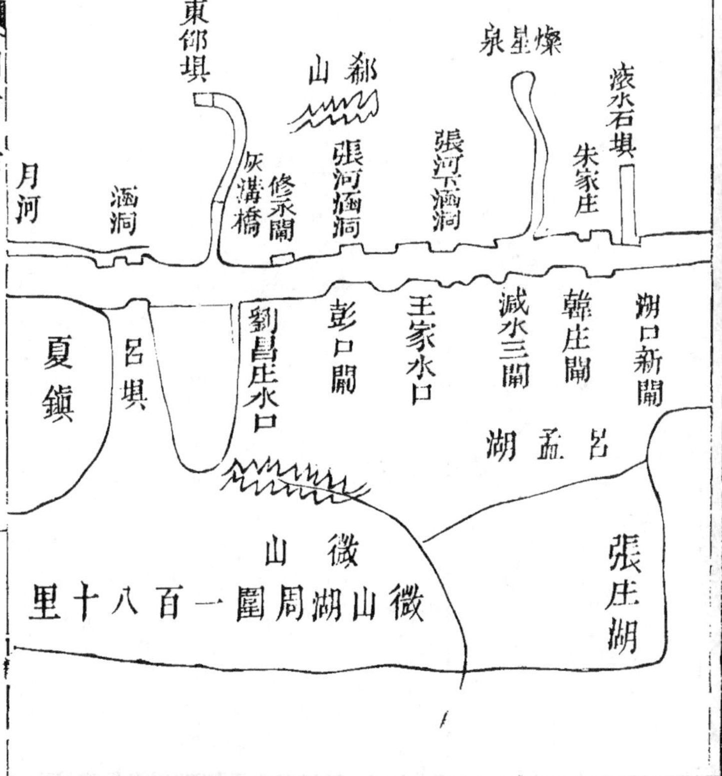
東郃堌
郗山
燦星泉
滚水石堌
月河
涵洞
灰溝橋
修永閘
張河涵洞
張河下涵洞
朱家庄
夏鎮
呂堌
劉昌庄水口
彭口閘
王家水口
減水三閘
韓庄閘
湖口新閘
呂孟湖
微山
微山湖周圍一百八十里
張庄湖

中河皂河考

明代泇河既開自夏鎮達於直河口不由徐吕二洪避黃河之險者三百里後直河口塞改行董口

國朝康熙六年董口復淤遂取道於駱馬湖渡黃二百里復由汪洋湖面行四十里始得溝又二十里始至泇口第駱馬湖本窪田也因明季黃水漫溢停積而成湖又易淤塞十八年前總河靳輔請於宿遷邑西北四十里皂河集因舊河形而通之南起皂河口北至温家溝築堤四千

八百丈又自温溝歷窰灣計四十里建減水大壩三座以洩山泉暴漲其猫兒窩至唐宋山則堤之更於皂河以東挑支河一道歷龍岡岔路口以至張家莊出口是爲張莊運口蓋自皂河成而泇河之尾閭復通焉然自清口以達張莊運口河道尚長二百里每遇風濤動多淹滯康熙二十六年復奏

命於黃河北岸遥縷二堤之內加挑中河一道上接張莊運口下歷桃清山安之地以達於海而於清口對岸淸河縣西仲家莊建大石閘一座糧艘

一出淸口卽截流逕渡由仲家莊直入中河北上至康熙二十七年而運道之歷黃河者僅七里矣又開鹽河一道自淸河縣起至安東潮河入海用洩異漲三十八年總河于成龍復於中河南岸挑新中河一道旋合兩新河爲一康熙四十二年

聖駕巡視南河以仲莊閘口與淸口相値仲莊水勢衝激逼溜難行淸口不得暢出

諭總河張鵬翮改建運口於楊家莊起黃河岸至中河鹽壩挑引河一道更築南北堤岸建

御示閘及花家鹽壩自是清水暢流蓄洩有賴矣康熙六十一年又於中河北近泇河之地徐家口迤上改挑越河一道接彭家口行運雍正二年於徐家口勝羊山大王廟三處建立河清河定河成石壩三座五年建駱馬湖側之王家溝五孔石閘十年修駱馬湖竹絡壩水利今竹絡壩堵閉黃河水無涓滴入運河者

中河皂河圖

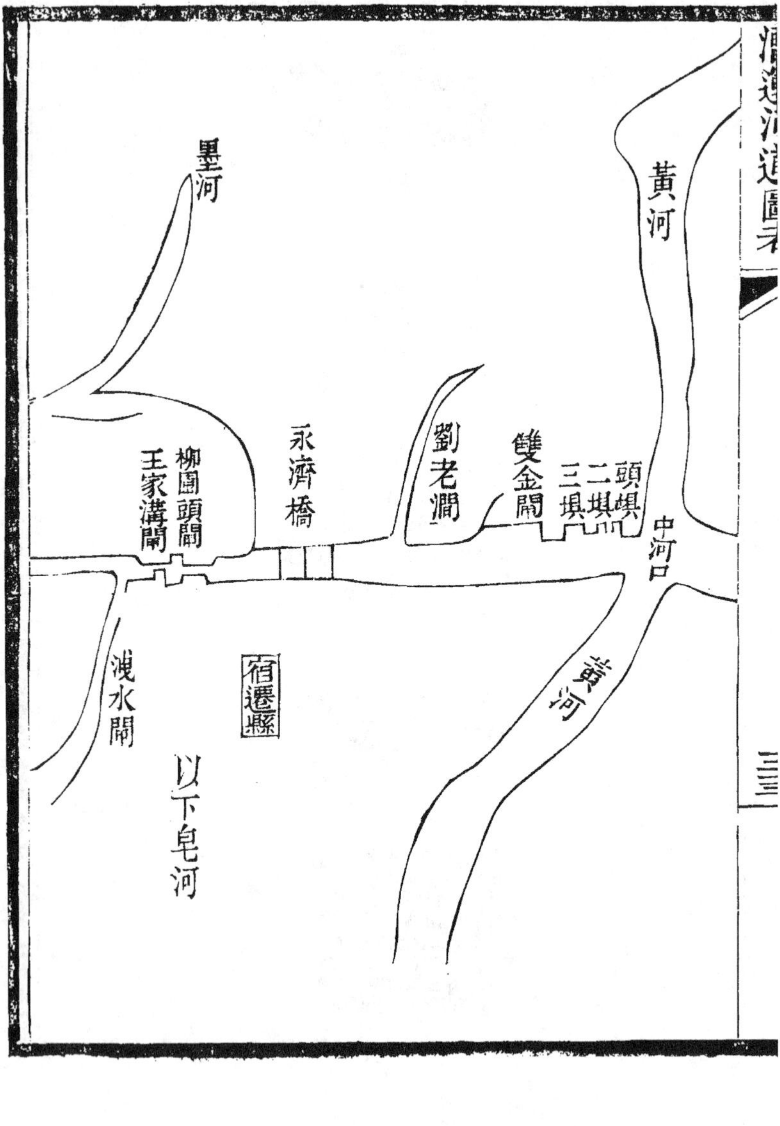
墨河
黃河
頭埧
二埧
三埧
雙金閘
劉老澗
永濟橋
柳園頭閘
王家溝閘
中河口
黃河
宿遷縣
洩水閘
以下皂河

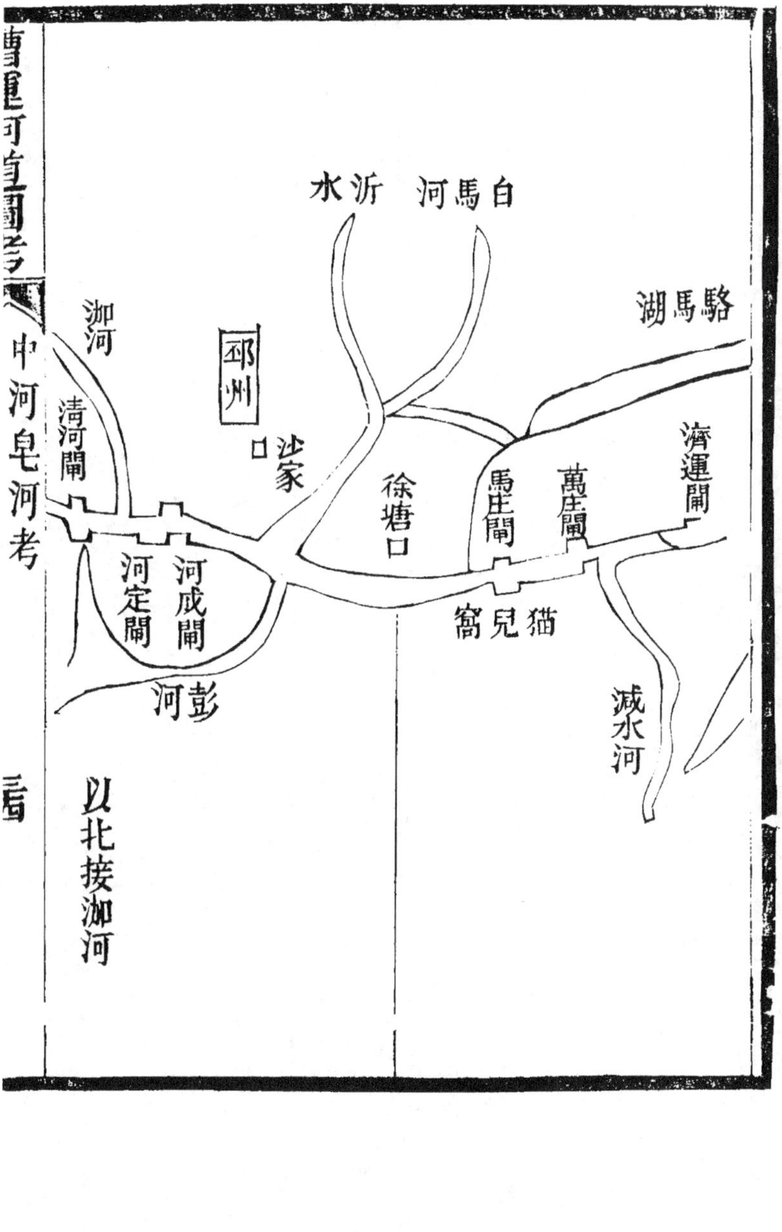
中河皁河考
白馬河
沂水
駱馬湖
泇河
邳州
沙家口
清河閘
徐塘口
馬庄閘
萬庄閘
濟運閘
河定閘
河成閘
猫兒窩
彭河
減水河
以北接泇河

淮安運河考

黃河發源崑崙歷龍門孟津過淮安而入海淮河發源桐柏歷潁州泗州亦過淮安而入海淸口者淮黃交匯之區也洪澤湖者淮水瀦匯之大澤也淮水通江爲運道自春秋吳城邗溝始淮安西南隅築高家堰自漢陳登始開沙河以避淮險自宋漕臣劉蟠始明永樂十四年陳瑄因沙河之舊鑿淸江浦引運艘由江入淮設河口閘新莊閘（即天妃閘）以時啟閉自新莊閘而東因其高卑遞爲福興淸江移風等閘始府南淮陰

驛而合於黃河又慮黃河漲溢南侵漕河於是堤黃河南岸四十里以防之又慮淮河漲溢北侵漕河於是加築高家堰長二十六里以防之又於城東北置仁義二壩以便運船入淮於城西北置禮智信三壩以便官民商船入淮所謂淮安五壩也其後景泰宏治隆慶年間屢淤屢修嘉靖年間廢新莊閘改置通濟閘於三里溝萬歷年間開草灣河以緩清口之衝并立板閘後潘季馴築高家堰起新莊至越城長一萬八百七十餘丈堰成淮水復由清口會黃入海復

奏遷通濟閘於甘羅城南又改福興閘於壽州
敞適中之處移築仁義二壩於天妃閘內開新
河於府南窰灣至武家灣曰永濟河置三閘以
備淸江浦之險黃河不復衝決運道安流至明
末而閘壩之禁弛矣我
朝修復舊規康熙年間就原基建福興新莊板閘
等閘又於淸口築壩以禦洪流重運過完則閉
霜降水落則開又慮官民船隻難以守候乃修
七里墩閘使洪澤湖水由此進口由新河文華
寺入運口壩雖築舟行如故嗣因河潰閘淤酌

改運口於爛泥淺之上自新莊閘西南挑河一道至太平壩又從文華寺永濟河頭起挑引河一道南逕七里閘復轉而西南接太平壩俱達爛泥淺兩渠并行以舒急溜而爛泥淺一河分其十之二以轉運仍挾其十之八以射黃使運口出清口甚便而黃河不能內灌康熙二十二年以天妃閘水勢湍急改爲草壩另設七里太平二閘三十八年將淸口之西壩臺添挑水壩比東壩臺加長包裹淸口在內於洪澤湖水深之處開成直河使湖水暢流於黃河灣曲直挑

引河使各險所不得受衝并修築歸仁堤以防
潰決四十年挑張福口引河導清水入運於張
福裴家場之間開引河一道會諸引河水併力
敵黃四十五年於高堰三壩之下各挑河築堤
束水入高郵諸湖又於文華寺建減水閘開浚
引河分運河漲水由楊家廟等處入白馬湖四
十六年於蔣家壩開河建閘引水由人字河等
處下江由下河等處入海五十七年於清口舊
西壩接築草壩一座以東清水雍正元年於清
口東壩接築大壩一座西壩加築長二十四丈

雍正四年加高高家堰土堤七年大修高家堰石堤移建天妃閘於二草壩下北岸堤内挑引河一道十年修築龍王廟閘利濟漕運乾隆二十七年
聖駕南巡閲視清口
命河臣以五壩長水尺寸定東西二壩之拆築將洪澤湖水預行騰空俾伏秋汛漲有所容納徐由張福口天然河張家莊裴家場天賜河爛泥淺三岔河七處引河合流下注三分入運七分敵黄河流安瀾而下河州縣歲慶有秋焉嘉慶八年

酌增南河堵壩料價道光四年冬高家堰決口
五年以修砌高堰甫成清水未暢借黃濟運河
道艱澁乃以盤壩接運蕆其事六年遵
諭旨以蘇松常鎮泰四府一州糧由海運各省之糧
仍由河運七年遵
旨全漕仍由河運惟以黃水未能低平禦黃壩旋啟
復閉乃用倒塘濟運於壩外築塘引水灌滿先
開壩放船數百隻入塘仍行堵壩俟船出塘後
復開壩輪放運船數千隻亦得次第渡黃俟將
來沙退黃平清水暢出糧艘仍可駛行矣

淮安運河圖

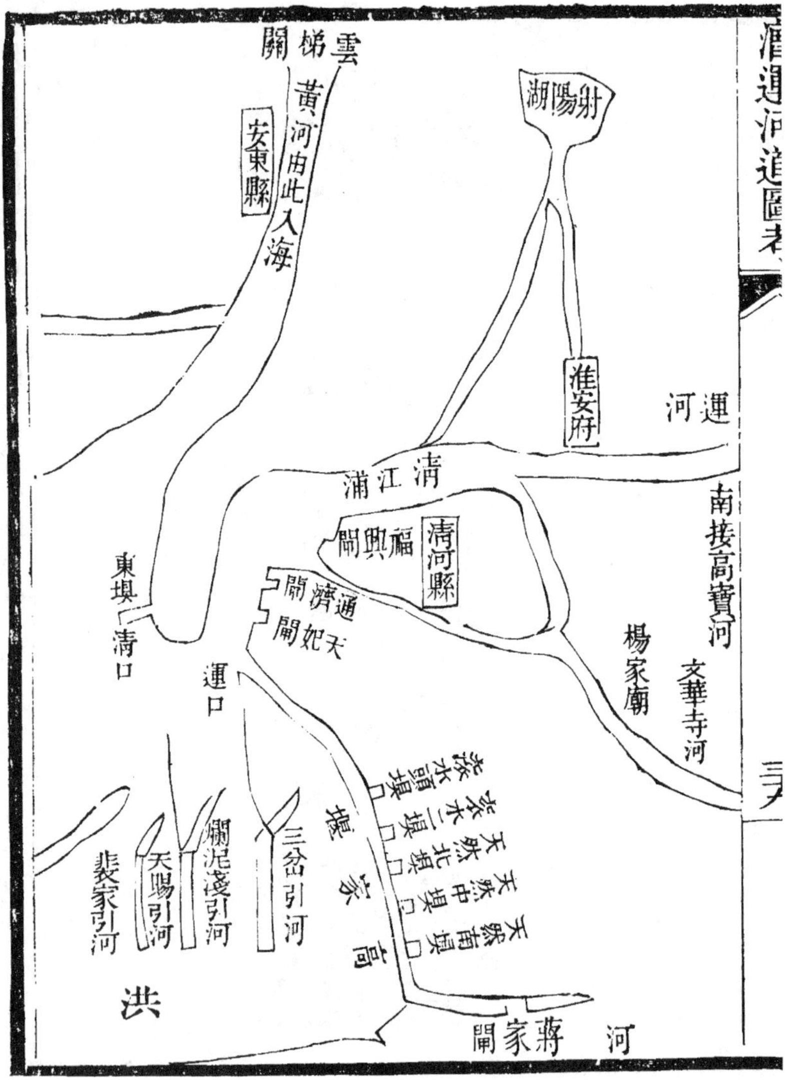

雲梯關
黃河由此入海
安東縣
射陽湖
淮安府
運河
清江浦
福興閘
清河縣
南接高寶河
東壩
清口
通濟閘
天妃閘
運口
楊家廟
文華寺河
滚水頭壩口
滚水二壩口
天然北壩口
天然中壩口
天然南壩口
高家堰
三岔引河
爛泥淺引河
天賜引河
裴家引河
洪
蔣家閘
河

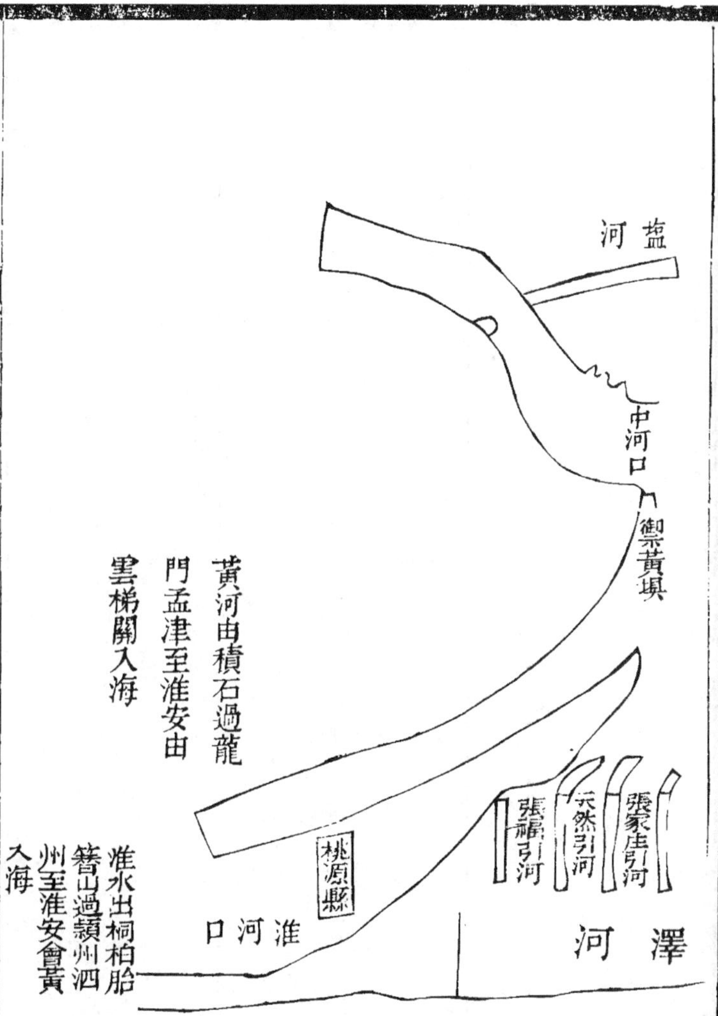
塩河
中河口
御黃壩
黃河由積石過龍門孟津至淮安由雲梯關入海
張家庄引河
天然引河
張福引河
桃源縣
淮河口
澤河
淮水出桐柏胎簪山過潁州泗州至淮安會黃入海

漕運河道圖考

高寶運河考

自清口引淮爲清江浦至烏沙河滙管家白馬二湖及寶應縣槐角樓南諸河相接西抵泗州盱眙縣界皆運道所經明洪武九年用老人柏叢桂策就湖外穿渠築長堤南北四十里引水於內以便舟楫宣德七年平江伯陳瑄復築諸湖長堤堤下皆置涵洞互相灌注成化間造高家潭等處石堤二十餘里其南高郵邵伯等湖皆有石堤運船觸堤往往撞壞宏治間戶部侍郎白昂奏開複河以避其險曰康濟河南北置

閘以時啓閉兩岸甃以石嘉靖五年於氾光湖東傍堤開新河三十里遂棄康濟河又寶應縣至界首凡有溝河通注於海者造平水閘十座十年又於寶應湖東築越堤長二十一里萬歷五年淮水由黃浦口決入石堤多壞七年修築改建減水閘四座加高石閘九座寶應諸河堤岸相接十二年於石壩東傍堤開新河三十餘里以避槐角樓一帶之險曰洪濟河

國朝康熙十六年堵塞高郵州之清水潭更於湖中遶迴開河一道改築東西堤名曰永安河十

九年再置滚水壩於高郵城南八里二十年增置高郵南北滚水壩前後凡八座創建寶應子嬰溝高郵永平巷南關八里鋪柏家墩江都鰍魚口減水壩共六座三十七年江都漫决運道阻滯三十九年從西岸遶挑越河一道下埽堵築攔河兩壩漕艘安行又大修運河堤岸築永安界首及秤勾灣等處石工改五減水壩爲四滚水壩挑人字河鳳凰橋等處以洩高郵漲水由金灣入芒稻河注江挑蝦鬚二溝以洩山寶諸水由涇澗二河入射陽湖歸海四十一年建

七里閘陸漫閘四十四年於高郵滚壩下各挑
河築堤由串場河歸海四十八年修復黄浦雙
閘開放宣洩水入蜆蠬由鹽城馬家蕩入蝦鬚
溝五十八年修築南關五里車邏三大壩雍正
九年移建竹絡壩於舊壩北首并挑引河入青
蕩湖由汜光湖入高郵湖

高寶運河圖

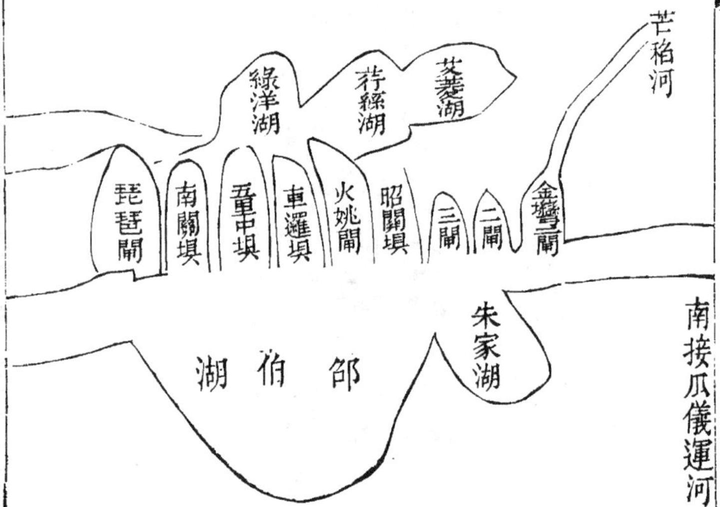
芒稻河
茭蔆湖
荇絲湖
綠洋湖
琵琶閘
南關壩
五里中壩
車邏壩
火姚閘
昭關壩
三閘
二閘
金灣閘
朱家湖
邵伯湖
南接瓜儀運河

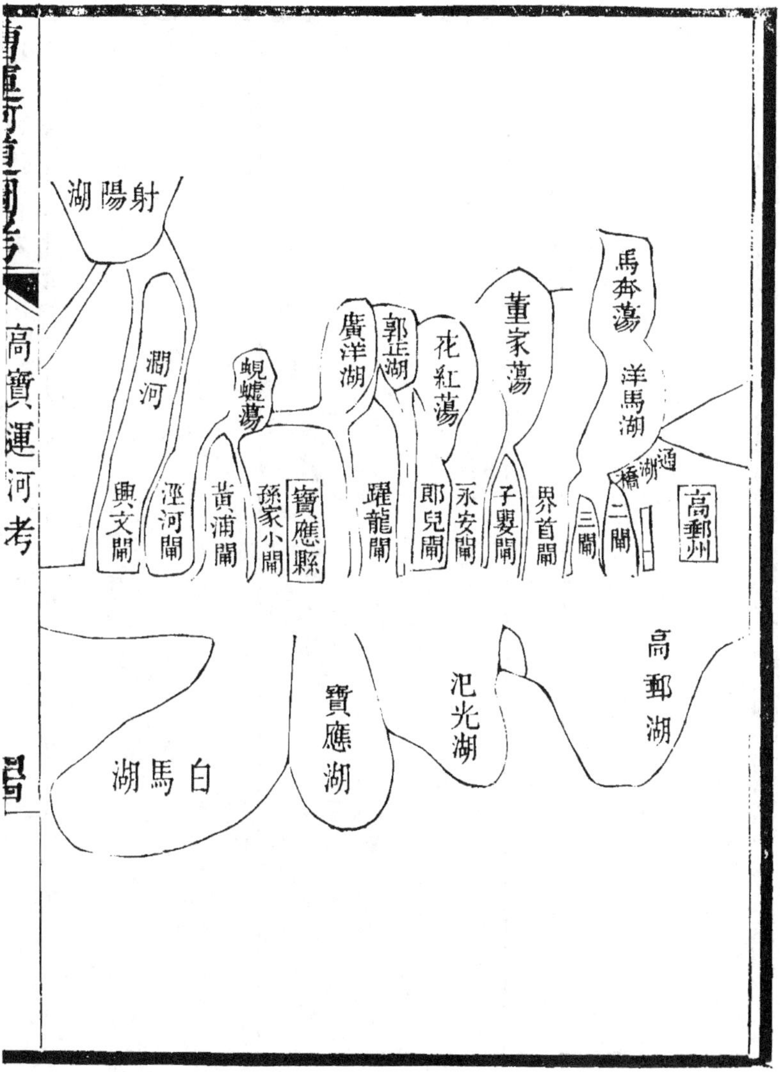
高寶運河考
圖
射陽湖
澗河
興文閘
涇河閘
黃浦閘
蜆墟蕩
孫家小閘
寶應縣
廣洋湖
郭正湖
躍龍閘
花紅蕩
郎兒閘
永安閘
董家蕩
子嬰閘
界首閘
馬奔蕩
洋馬湖
通湖橋
三閘
二閘
高郵州
白馬湖
寶應湖
汜光湖
高郵湖

瓜儀運河考

春秋傳吳城邗溝通江淮杜注謂自邗江在今揚州穿溝通射陽湖在今淮安爲入淮運道此瓜儀運河所由昉也宋時嘗建三閘於儀徵明洪武中即其地築爲壩永樂間海運既罷專行河運浙西之粟一百六十餘萬石由瓜洲壩以達於揚州上江及江西湖廣之粟八十八萬餘石由儀徵壩以達於揚州瓜儀洵運道之襟喉矣宏治元年始建東關羅泗二閘十二年復於濱江建攔潮閘潮長開閘放船潮退盤壩隆慶六年自時

家洲以達花園港開渠六里有奇建瓜洲通江
閘二座以免船隻盤撥之苦萬歷五年於瓜洲
開港塢以泊運船
國朝康熙二十八年於儀徵閘外江口北新洲挑
舊河身直通四閘一切糧艘俱從沙漫洲轉入
新河口五十四年因江溜北徙將頭閘堵閉挑
遶城越河一道改為運口五十五年加築瓜洲
花園港越堤修砌遶城河岸石工以禦大江衝
刷五十七年又建花園港重堤於正人洲挑引
河二道以煞江溜六十一年建築花園港西邱

家港挑水土壩二座雍正六年以瓜洲新改運口逼近城垣水勢洶湧舊運口地勢高敞河形亦寬復將所改之運口堵閉挑深舊有運河令糧艘仍由故道而行於閘外建築夾壩二道攔河柴壩一道雍正八年以閘河水無關蓄淮流直注勢若建瓴於瓜洲頂閘之上青蓮菴起至尤家𥕢止開挑越河一道建蓄水草壩於河上以利漕運

漕運河道圖考

瓜儀運河圖

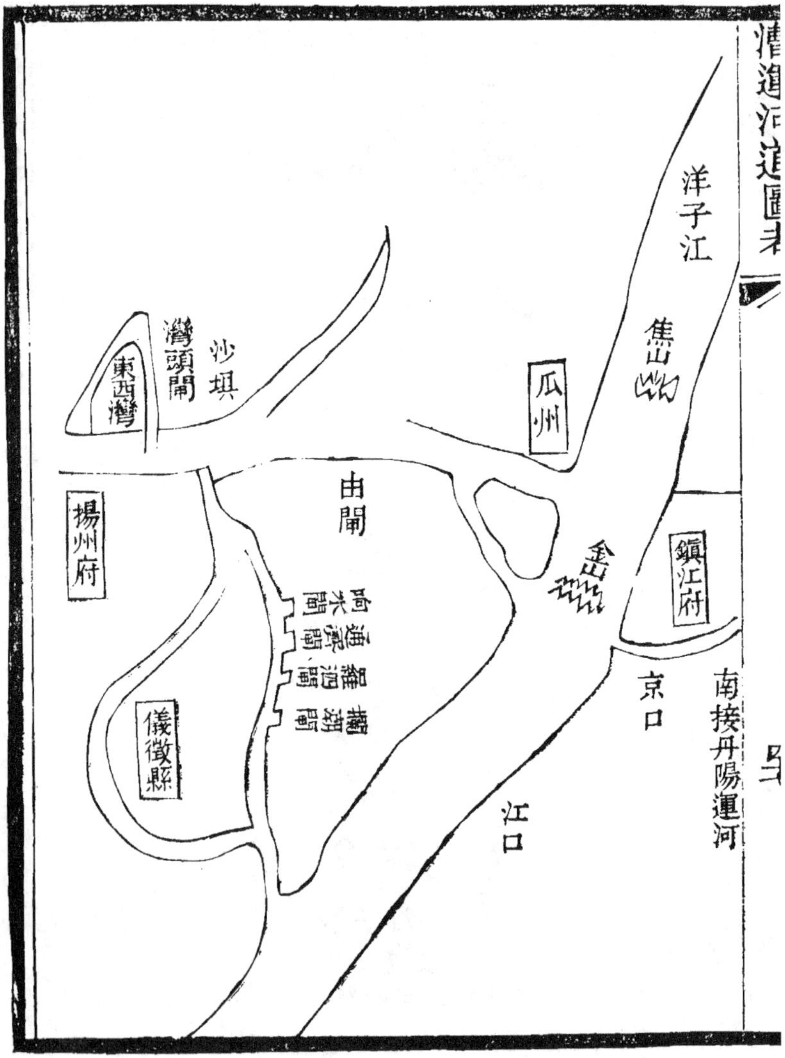
洋子江
焦山
瓜州
沙垻
灣頭閘
東西灣
揚州府
由閘
金山
鎮江府
響水閘
通濟閘
羅泗閘
攔潮閘
儀徵縣
京口
南接丹陽運河
江口

丹陽運河考

自六朝都建康凡三吳船避京江之險乃於丹陽鑿運瀆隋唐宋元諸朝屢加脩治然自常州至丹陽河道淤淺歲費工力明正統初巡撫周忱經理運道於武進奔牛呂城設爲閘壩俾漕艘由京口出江最稱便利迨景泰間閘壩漸頽水道淤淺有議從蔡涇孟瀆出江者因泊海洋舟多覆溺仍從周忱故道增置五閘

國朝康熙四十七年在丹陽練湖造湖閘四座又修造丹徒京口老人二閘蓄水以濟漕運

丹陽運河圖

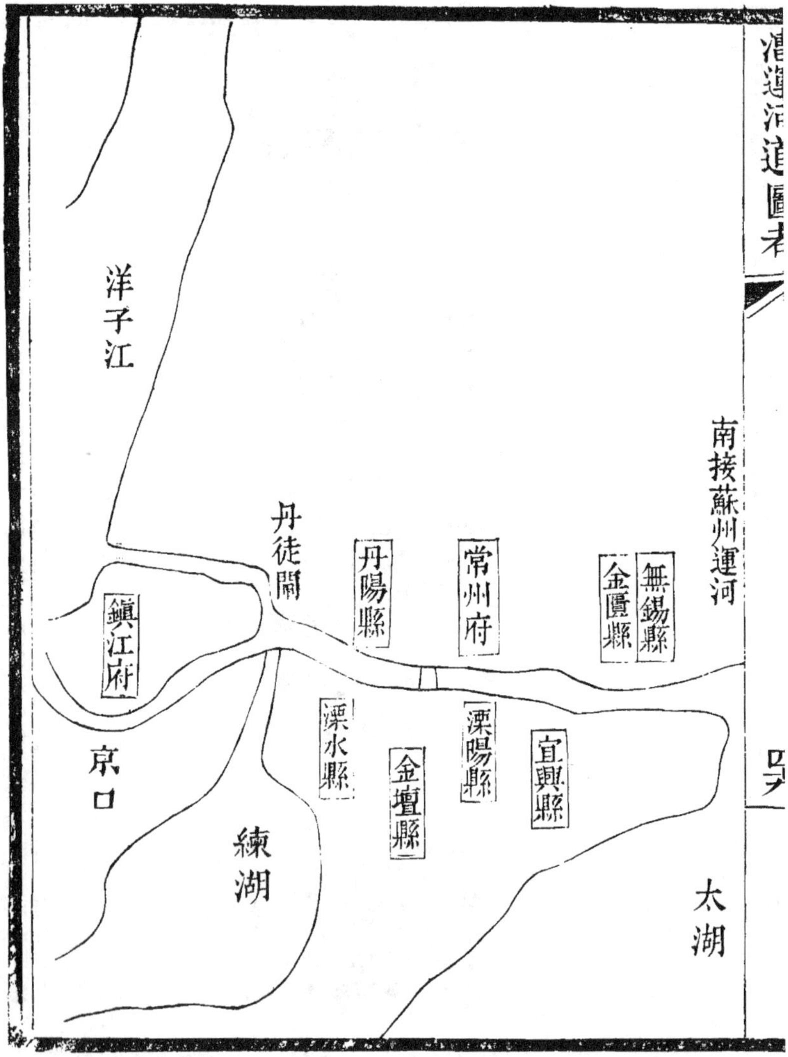
漕運河道圖考
洋子江
丹徒閘
丹陽縣
常州府
無錫縣
金匱縣
南接蘇州運河
鎮江府
京口
溧水縣
金壇縣
溧陽縣
宜興縣
練湖
太湖

蘇州運河考

自隋大業中將東巡會稽開餘杭河至京口八百餘里後代因之爲轉輸之道此蘇州運河所以通於浙也浙運由嘉興府歷王家涇北行至吳江縣境之平望鎮者曰南塘河由湖州府南潯鎮東行經鶯脰湖至平望鎮而與南塘合者曰西塘河二河既合曰官塘河西北行四十里至吳江縣城東又引而西北曰北塘河又二十里曰夾浦自吳江縣三里橋至此水淺不及丈然南有震澤湖水勢澎湃故夾浦橋屢建屢圮

又北經蘇州城西鮎魚口太湖分流由蠡塘入之北至楓橋水不及丈又北則過常州府而至丹陽

蘇州運河圖

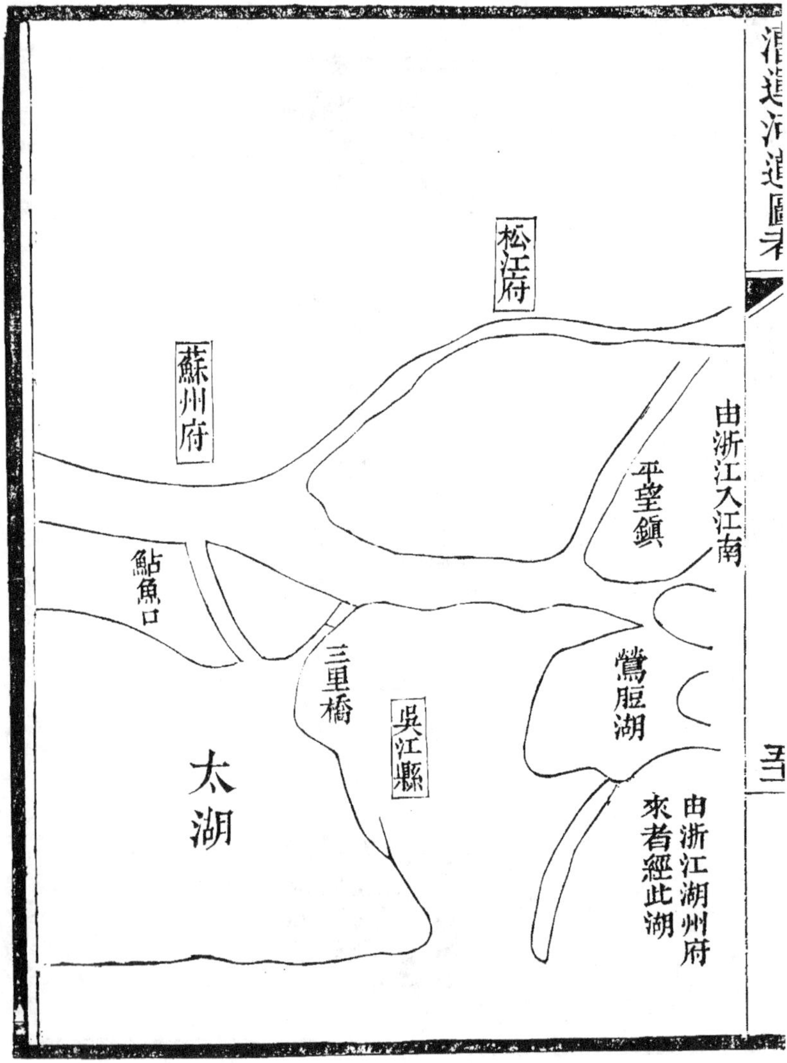
漕運河道圖考
三
松江府
蘇州府
由浙江入江南
平望鎮
鮎魚口
三里橋
吳江縣
鶯脰湖
太湖
由浙江湖州府來者經此湖

浙江運河考

浙江運河之水發源於天目山兩峯頂各一池相對如目故名而宣歙以東富陽以北支分幹流衆川爲緯運河爲經自宋淳熙時都臨安即杭州府浚北郭務至鎮江漕渠凡六百四十里今自北郭務至謝村爲十二里洋爲唐棲河水深闊德清之水入之又過北陸橋入石門過松老抵高新橋海寧支河通之繞石門城南轉東北至小楊橋水淺時資挑濬東北石門橋北至皂林驛水深者及丈過永新入秀水界自趙橋鎮至陸門鎮河俱闊

又北由嘉興府城西轉而北出杉青閘至王江涇鎮闊六七丈不等深者至二丈許又北爲平望鎮湖州運艘由鶯脰湖西出會之已入江南境矣

浙江運河圖

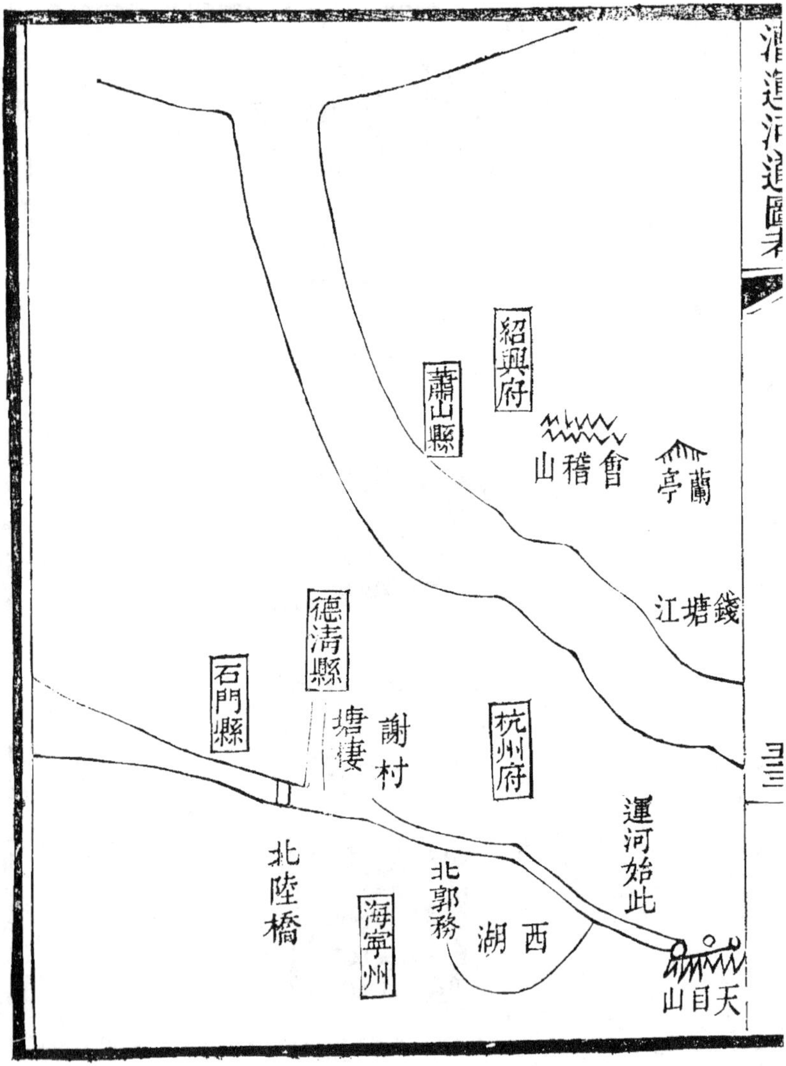

漕運河道圖考
紹興府
蕭山縣
會稽山
蘭亭
錢塘江
德清縣
石門縣
塘棲
謝村
杭州府
運河始此
北陸橋
北郭務
海寧州
西湖
天目山

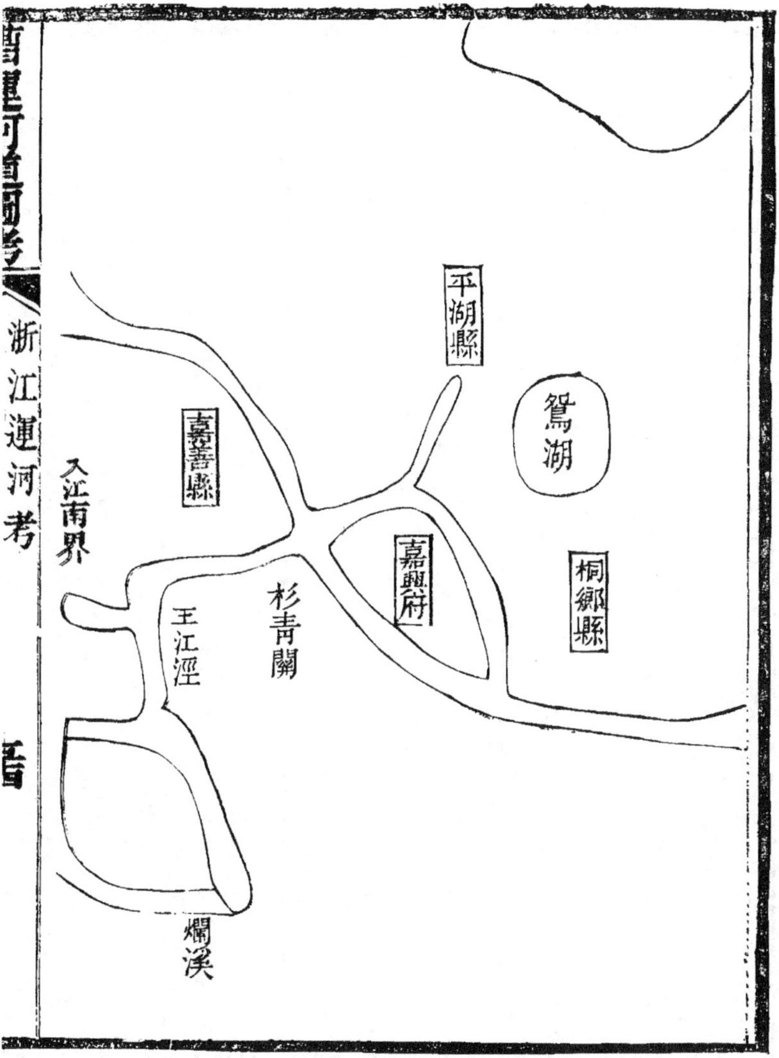
浙江運河考
平湖縣
鴛湖
嘉善縣
入江南界
嘉興府
桐鄉縣
杉青閘
王江涇
爛溪

漕運河道圖考

上江運道考

安慶府大江自小孤山匯彭澤潯陽而來經宿松望江下至府城東北流九十里經桐城縣之樅陽口又四十里經池州府之清溪又四十里至梅根港江岸頗狹又東北二十里爲大通驛又三十里經銅陵縣城北又六十里爲荻港驛其北岸爲泥汊河又八十里爲三山夾洲又三十里經曾港至蕪湖縣又北二十里爲東梁山其北岸爲西梁山臨江對峙所謂天門博望之險也又北四十里經采石磯亦名牛渚又北二

十里經太平府城西又東北五十里經烈山入江寧府界又五十里至龍江關在江寧府儀鳳門外又五十里至龍潭驛又東北五十里則抵儀徵壩矣

上江運河考

上江運道圖

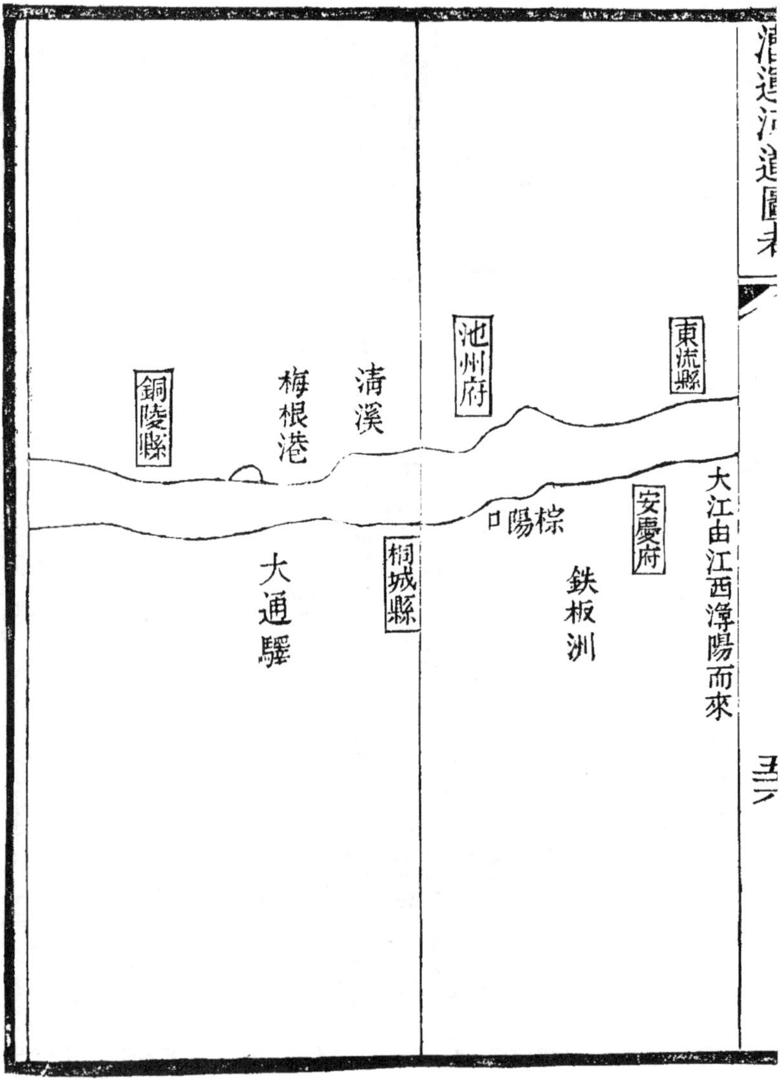
漕運河道圖考
東流縣
池州府
清溪
梅根港
銅陵縣
大江由江西潯陽而來
安慶府
樅陽口
鉄板洲
桐城縣
大通驛
三六

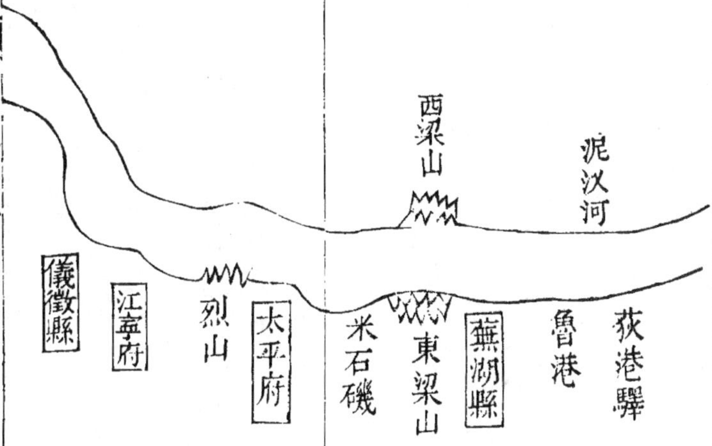
泥汊河
西梁山
荻港驛
魯港
蕪湖縣
東梁山
米石磯
太平府
烈山
江寧府
儀徵縣

江西運道考

江西之川莫大於贛水彭蠡湖潯陽江而漕運皆必經焉贛水合章貢而得名章水出湖廣郴州自宜章縣入江西貢水出福建汀州至贛州城北而與章水合漸流至南昌府運道由南昌府入贛江行一百二十里至昌邑又一百里入瞿子口蓋彭蠡湖周圍四百五十里浸南昌饒州南康九江四郡之境其西北狹處在南昌南康二郡之界者謂之瞿子口由瞿口歷左蠡至南康府六十里又六十里至大孤塘又五十里

至九江之湖口縣乃會於九江九江即潯陽江也又東北六十里經彭澤縣自彭澤而東北凡百二十里至望江縣之雷港口入江南界又東北二十里爲東流縣又東北九十里江之北岸即安慶府城以下運道與安慶府同

江西運道圖

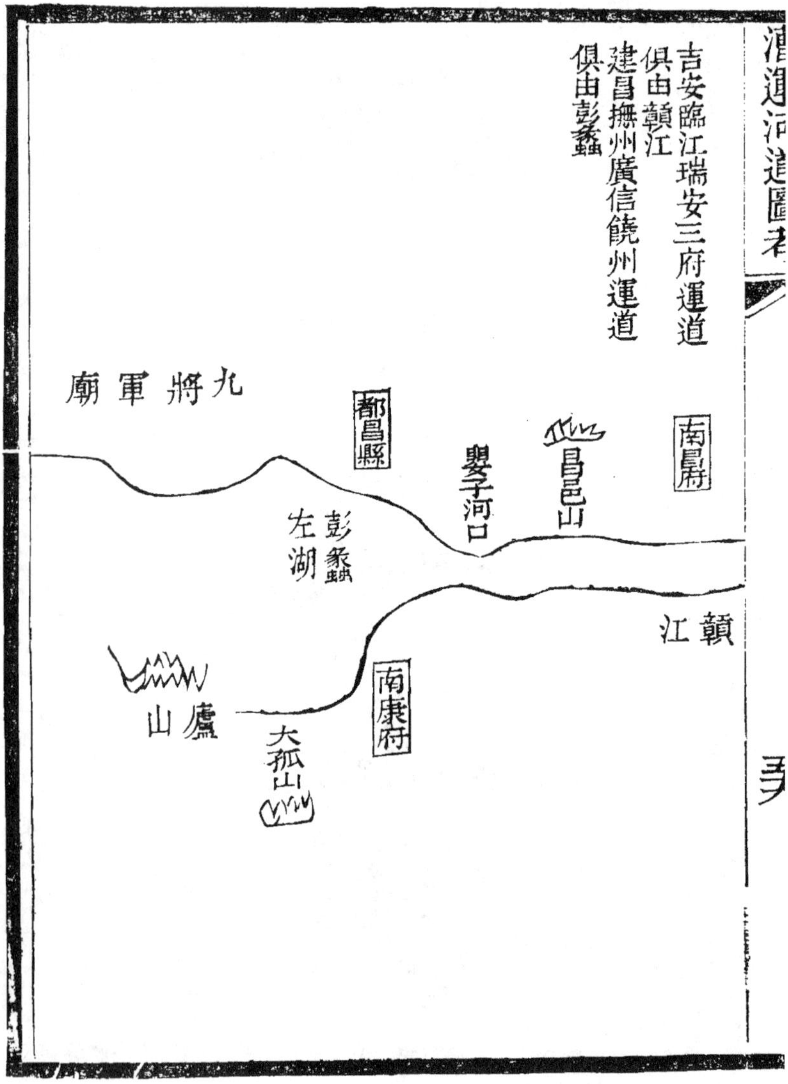
漕運河道圖考
吉安臨江瑞安三府運道
俱由贛江
建昌撫州廣信饒州運道
俱由彭蠡
九將軍廟
都昌縣
嬰子河口
昌邑山
南昌府
彭蠡
左湖
贛江
廬山
南康府
大孤山

江西運河考

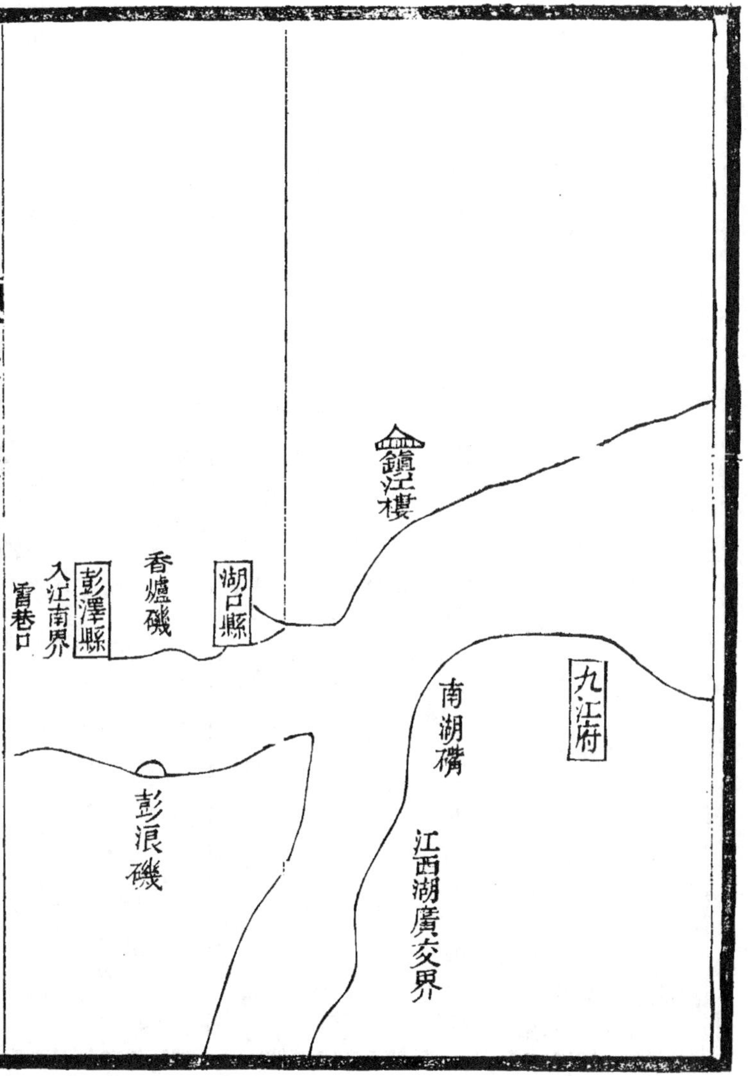

漕運河道圖考

二

湖北運道考

漢水出於陝西之嶓冢東南流千餘里江水出於四川之岷山東流二千餘里會於夏口卽漢口夏口之兩岸卽湖北武昌漢陽二府城也糧艘由武漢入江東折出漢口三十里曰青山磯又三十里爲黃岡縣之陽邏鎮又八十里爲團風鎮又五十里經黃州城西對岸則武昌西山也又四十里經蘄水縣之巴河又三十里爲蘭溪又四十里曰黃石港又三十里曰道士洑又五十里至蘄州城南又東南五十里至與國州之

富池驛其南岸卽江西端昌縣境由富池東南行六十里經廣濟縣之龍平鎮又東南十里經黃梅縣之新開口鎮又東南五十里卽江西九江府城也自龍平至九江江邊有路曰官牌夾若大水時由夾中行自龍平至九江不及五十里自九江城東行六十里至湖口縣城北以下運道與江西至安慶道同

湖北運道圖

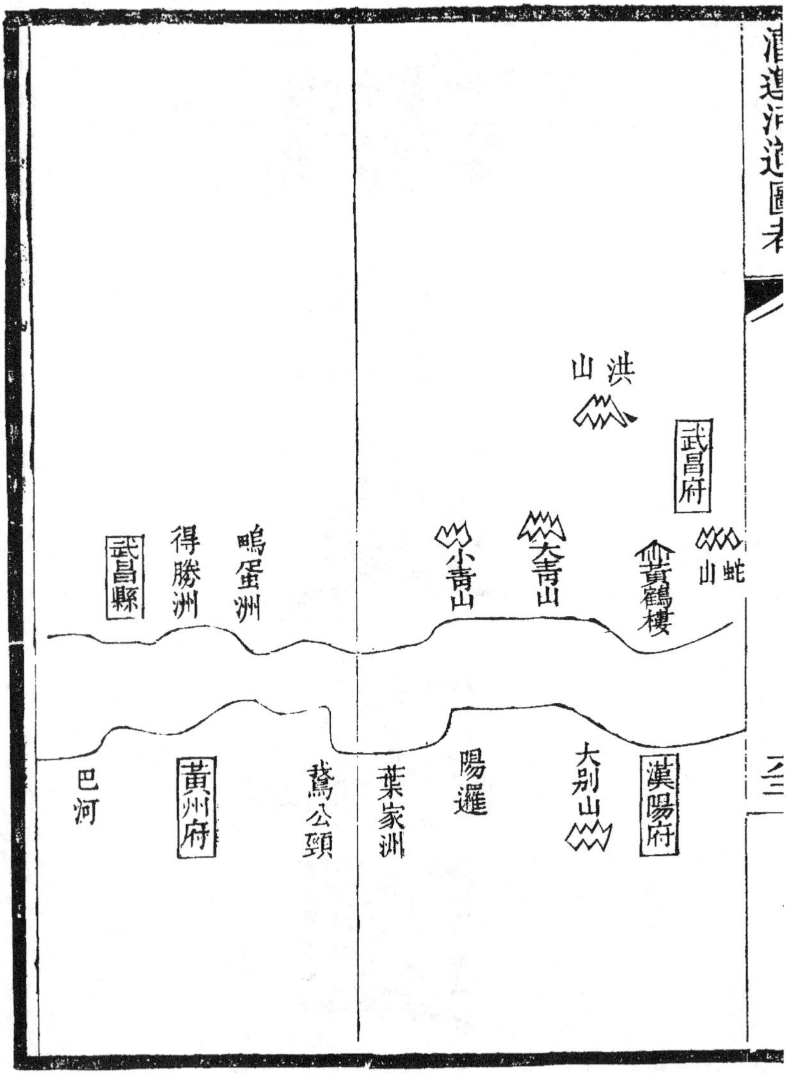

漕運河道圖考
洪山
武昌府
蛇山
黃鶴樓
大青山
小青山
鳴蛋洲
得勝洲
武昌縣
漢陽府
大別山
陽邏
葉家洲
鵞公頸
黃州府
巴河

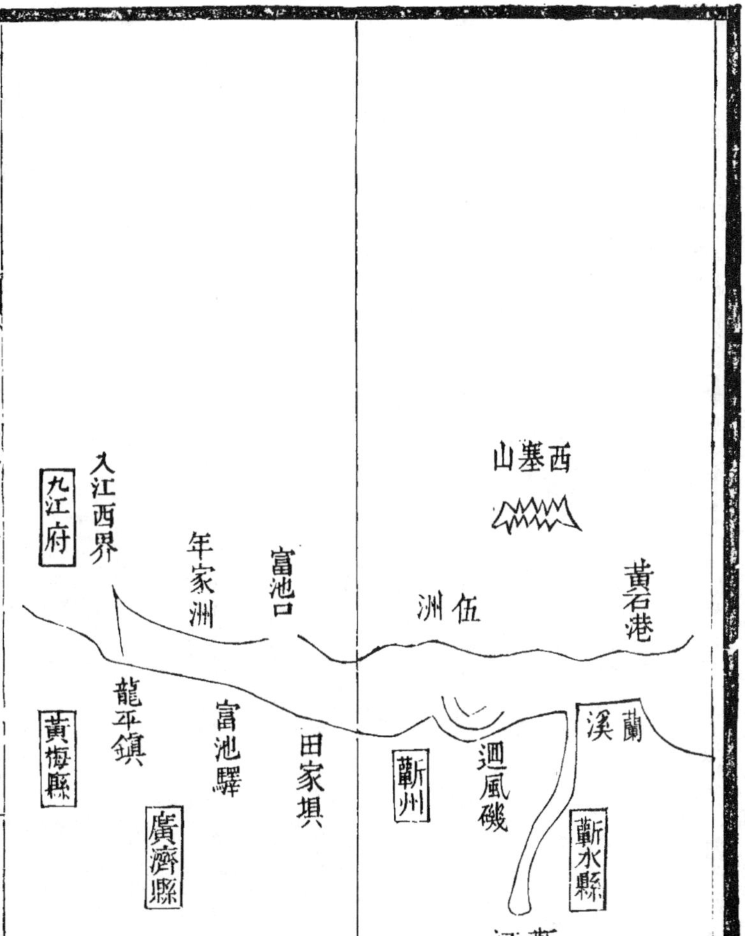
西塞山
九江府
九江西界
年家洲
富池口
伍洲
黃石港
龍平鎮
富池驛
田家垻
黃梅縣
廣濟縣
蘄州
迴風磯
蘭溪
蘄水縣
蘄河

湖南運道考

湖南運道由湘水而過洞庭湖由洞庭湖而入江湘水出廣西之海陽山至永州府始會瀟水謂之瀟湘過衡山北流至長沙府運船由長沙府城外入湘北行百二十里至湘陰縣境又六十里至黃陵山過青草湖青草湖與洞庭相連洞庭卽禹貢所謂九江也漢許慎謂合沅漸潕辰溆酉澧資湘九水東入于江故謂之九江洞庭湖圍三百六十里南有青草湖圍二百六十五里西有赤沙湖圍百七十里當夏秋水泛則

與洞庭爲一故洞庭湖横七八百里由青草過洞庭一百六十里至岳陽府之荆江口始入于江又東七十餘里至臨湘縣境又東百十里至嘉魚縣之石頭驛（即赤壁山）又東北九十里至嘉魚縣城又東北九十里至簰頭鎮又九十里至金口驛又六十里經漢陽府城東北之大别山東折而北會於漢水即漢口也其東岸即武昌府焉以下運道與湖北同

湖南運道圖

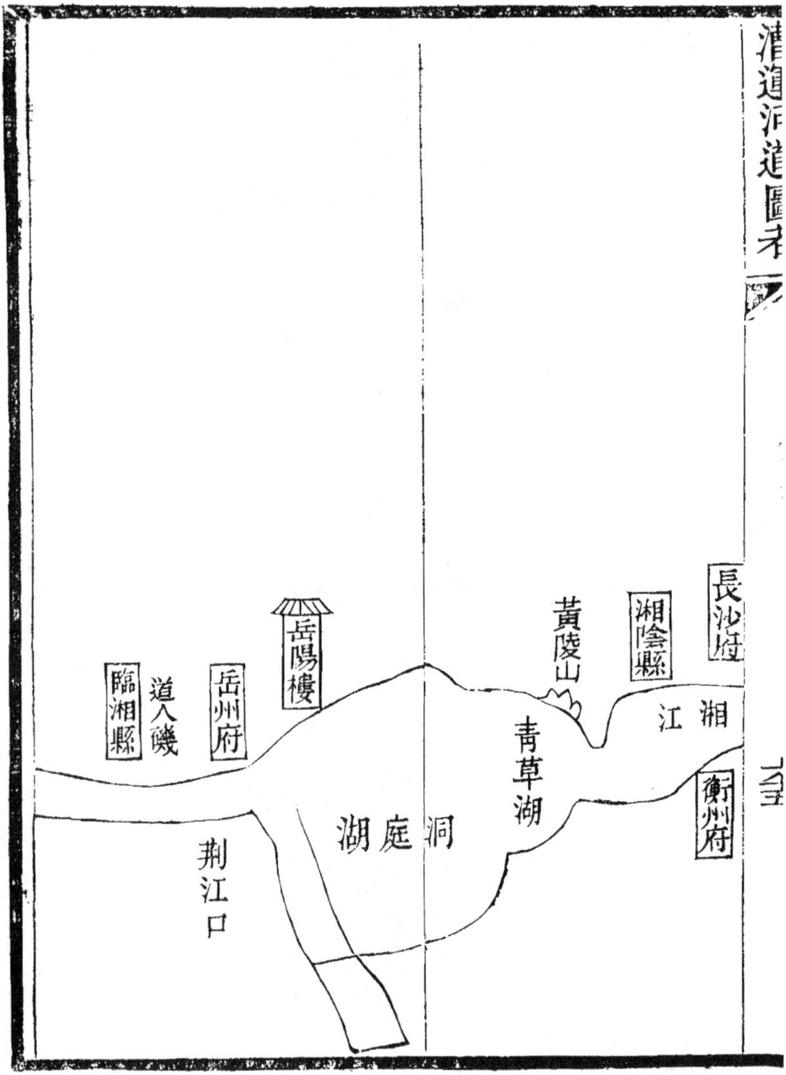
漕運河道圖考
長沙府
湘陰縣
黄陵山
岳陽樓
岳州府
道人磯
臨湘縣
湘
江
青草湖
衡州府
洞庭湖
荆江口

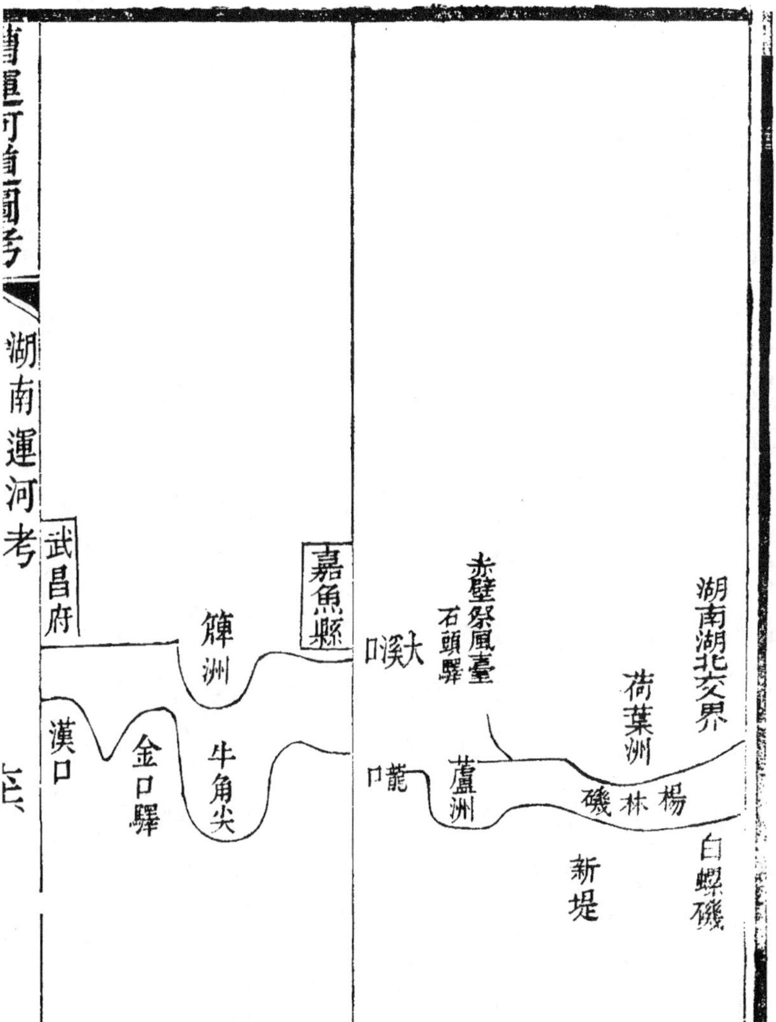
湖南運河考
武昌府
嘉魚縣
簰洲
漢口
金口驛
牛角尖
大溪口
龍口
赤壁祭風臺
石頭驛
蘆洲
湖南湖北交界
荷葉洲
楊林磯
白螺磯
新堤

漕運河道圖考

附錄

請分别准駁浙江關更定稅額奏稿畧節

浙江巡撫奏稱浙海關監督請改定羽毛緞布疋稅例一摺據稱該關羽毛緞向例每丈稅一兩二錢科算較重以致商販甚少應改上等者照哆囉呢每丈稅一錢八分下等者照嗶嘰每丈稅一錢八釐等語 職 等查羽毛價值本在哆囉呢嗶嘰之間所請似屬允協應請議准至該關又稱老例載粗白布每十疋稅二分四釐未嘗指明尺寸長短請改爲單頭布長一丈四尺

者每十疋稅二分四釐連機布長二丈八尺者
每十疋加稅四分八釐等語職等伏思布爲小
民日用要物不可輕議加稅老例載粗白布以
十疋起算者非混同不辨尺寸也按字典疋字
即古匹字乃四丈之別名禮記鄭氏注云四十
尺謂之匹漢書食貨志云布長四丈爲匹現在
京都街市四方貨物輻輳鋪戶所賣粗布一疋
皆有四丈零短者亦三丈餘尺是布四丈爲匹
乃古今之通稱縱微有參差相去亦不甚遠是
老例布以疋計正所以省紛擾而便商民若如

該關所稱以一丈四尺爲疋是一疋之布不足
以成單衫一件豈適民用雖細梭布間或有之
亦布之長短偶不中度者豈可借以定粗白布
之例若謂連機與單頭有殊不知書稱倍兩謂
之疋取兩端匹合之義惟連機方可稱疋也倘
以一疋而徵數疋之稅名爲請定稅額實爲加
倍浮徵於民間日用難免妨礙且恐各關效尤
紛請加稅更屬不成事體似斷不可議准又查
該關歷年照舊例徵收於正額盈餘并無虧短
何必爲此紛更擾民之舉應請辦稿具奏請

旨飭令該關照舊辦理

請駁淮安關於徐州城增收計石米稅節畧

兩江總督咨稱據淮安關監督以徐州府車輛
及負擔進城米石甚多請按石徵收米稅等語
職等查稅務之設原以徵商徐州濱河之地商
船往來故釐有按船收稅之例若城門擔負之
米則或係佃農輸租業主或係農民零星糶賣
當其耕種收穫之時已按畝收其地丁漕米若
於進城復行收稅似與重徵無異且加稅則市
中米價必益昂貴不惟農民力不能支亦恐城

鄉買食之民益形拮据本年徐州近境多報偏
災若倣周禮荒政去幾之文正宜招徠各商令
民食有所接濟倘於本地擔負之米先行加稅
似非所以仰體
聖主軫恤貧民之意伏求
大人俯准辦稿咨駁并令各監督於收稅事務
須率舊章務崇大體於　國賦民生均有裨益
謹議

請駁查宿遷關咨改收盱眙等處豆稅畧節

據宿遷關監督咨盱眙縣李家集等處豆稅向

來輸稅淮安關不輸稅宿遷舍近稅遠難保無
偷漏等事請嗣後令豆商先輸稅宿遷再赴淮
安等語職等查向來徵收關稅必貨物經由其
地方令征輸若貨物本不經由其地既由他關
輸稅亦無令其繞道輸稅此關之理職等細閱
地圖宿遷關在黃河之北淮安關在黃河之南
現在賣豆之盱眙縣李家集等處亦在黃河之
南且有小河可通淮安順南一路直抵輸稅原
無不合惟貨由河北出售者自應由宿遷輸稅
若由河以南出售者令其渡河而北輸稅復渡

河而南售貨難保往來風濤之險似於民情不
便且查宿遷關例載稽查口岸並無李家集名
自應請咨交兩江總督體察民情核辦
議奏張家口關監督皮張到關照例先行納稅
一摺畧節
據張家口監督奏稱該關圈內商人嚮販置恰
克圖等處皮張進關并不照例納稅統俟四五
月間出售時始行陸續投稅其中不能無弊請
旨嗣後令該商等於貨物到關時呈驗貨單先行納
稅再行進關入圈其貨物已經入圈者亦查詰

明白一體納稅等語臣等查貨物到關納稅例有明文玆據該監督奏稱圈內商人販置恰克圖等處皮張進關並不納稅將貨存貯關內之圈城俟四五月間出售時始行陸續投稅實與定例不符應如該監督所請皮張到關照例一體納稅以符定制但既經收稅稅放其入關即應給予納過稅銀印票令該商等收執至入關後遲早出售俱聽商人自便不得復行查詰致啟重徵之漸第恐該關書吏於商販入關時既按例收稅於貨物出售時又沿舊稽徵此等情弊

在所不免不可不申明禁止應請
旨飭令該監督等嗣後貨物到關納稅嚴查奸商偷
漏書吏賣放至已經納稅入關即嚴禁重徵以
省擾累庶裕課通商兩無流弊

海運議

禹貢於冀州貢道云夾右碣石入于河註云自北海入河於揚州貢道云沿于江海註云沿江入海自海而入淮泗是三代以上有海運也史載秦時輓粟起於黃腄琅邪負海之郡隋大業間以舟師濟海舳艫數百里并載軍糧唐咸通時用陳磻石爲鹽鐵官專督海運又韋挺以漕路迂遠恐所輸不時至以便宜發海租餉軍是宋元以前有海運也元至正十九年伯顏請開海運自平江劉家港開洋直隷楊村馬頭凡萬

三千三百五十里月餘卽達省費不貲明洪武
間海運四次餉遼東每次六七十萬石不等永
樂六年海運六十五萬石於北京誠如堂諭所
云簡策可考非代遠年湮之事也若謂海運爲
必不可行夫豈通論然不敢議爲可以常行者
則以元自至正而後海運六十餘年明繼元而
都北平若元制果可常行明人豈肯驟易乃必
命宋禮濬會通河命陳瑄開清江浦命潘季訓
脩高堰長堤不惜百萬帑金以營河運亦必有
萬不得已之故也

國朝靳文襄公謝表云分黃之說方張泛海之謀
間起是康熙年間已有議海運者嘉慶八年蕭
給諫芝請由海道泛買浙粟未蒙
俞旨是豈不知海運迅速省費勝於河運特以
聖朝舉事必出萬全之策耳竊疑海運之難以常行
者有四焉一曰波濤難測也考元史至正二十
八年海運漂米二十四萬五千六百有奇至大
二年漂米二十萬九千六百有奇即如邱文莊
言每舟載米千石用卒二十人則歲溺而死者
殆五六千人明嘉靖中用撫臣梁夢龍等說亦

行數年後遇龍躍覆溺數萬夫河道雖閒有風
火所失究少海運所失動以萬計則險夷之勢
異也一曰盜賊難防也查海道江南對面係日
本琉球諸夷山東洋面有一百零五島自崇明
縣之十滧即出外洋由佘山大洋至鷹游門一
千五六百里雖皆爲狼山營所轄然四顧汪洋
無島嶼可依自鷹游門至廟島一千五六百里
雖皆爲山東水師營所轄然洋面距岸一二百
里不等如果島夷諸民常年安靜自屬可喜萬
一有奸民煽惑不惟剽刼可虞亦恐逃軍放洋

而走不若內地運河隨在皆有郡縣管轄則中
邊之勢異也一曰丁夫難猝募船隻難猝齊也
查元代海運係用朱清張瑄二人為都漕運萬
戸府二人故海盜能知海路曲折元信任二人
黃金虎符萬戸以下出入其手召募徧東南而
莫之問以故獲其利
國朝功令嚴肅八品如清瑄者未必用之即用之
豈肯假以黃金之富萬戸之權惟即用販鬻海
貨之夫裝載海物之船或可資其駕輕就熟之
益然商人有利則趨有害必避且隨時雇募非

同額設多子雇費未必不鼓舞從事稍有艱險即難禁其不存退諉沙船倘有損壞未必皆能按期修造則官商之勢異也明代之所以不用海運而用河運者未必不因乎此此所以不敢議爲可常行也若夫因時制宜又自有現在情形近來福建鍚船浙江豆船莫不航海往來上年議召買台米業蒙

俞旨遂令遠方佳稻得濟京餉去年高堰堤決洪澤水涸運河滯澁今高堰雖經興修洪澤尚未灌滿勢難令全漕抵通譬如醫家用藥緩則用平

劑急則用峻劑事在相時權衡海運之策似來

歲可暫試行俟河道通暢再復舊制仍請奏明

勅令近海督撫諸臣察看情形妥議庶有裨益

整理本

漕運河道圖考

敘

紹江自十七歲舉於鄉，七上公車，至嘉慶己卯始成進士，以二甲第二人蒙仁宗睿皇帝以主事用。自念井閭書生，得叨禄仕，雖居末秩，不敢以自負其學者負國恩。晨趨署，黽勉襄公，公退，則與生徒課經義。衣冠車馬之費，清俸不給，則以生徒之脩脯佐之，不義之物一介不取也。始在農部黔司行走，黔故權關税，見有事關商民利病者，必商確同官，白諸大司農。嗣兼攝滇司，滇故稽漕務，見有事關軍民利病者，必商確同官，白諸大司農。見《漕運全書》所載《河道考》間〔一〕有脱誤，未能詳悉者，爰參考史志，成《運河圖考》一册。已呈司農公閱，嗣部中因公鐫級百餘員，江素行既爲天下所共諒，又得釋案牘而從事詩書，固厚幸也，唯以未獲仰報天恩爲悚惶耳。其《運河圖考》及税務説帖數草尚存經案頭，友人見之，以爲頗費苦心，勸令付梓。予以詞雖不文，亦可寫曩

〔一〕間，底本作「閒」。揆諸文意，應作「間」爲是，底本形近致誤。

日不敢素餐志也。如當世君子有留心政務者，採其得而糾正其失，則是編亦取益之一端矣。遂不自藏其敝帚云。

運河總考

自元代定鼎燕都，資粟東南，故北之通惠河、南之會通河，其創制多自元始。然其時海河並運，或水陸兼行，河道又係初開，岸狹水淺，不能負重，每歲僅運數十萬石，漕河之利未備也。明自永樂九年後，因元人舊制而益爲疏濬，浮江涉淮，泝河逾濟，而北達於漳、衛。我朝監元明而增善其制，歲運京通倉者數百萬，漕河洵國計民生所重繫矣。

約而論之：山東、河南、淮北之粟，既各由近道以達於京，其由江入淮如吳、楚、浙諸省之運，皆以揚州爲咽喉。吳越之粟，由瓜州壩以達於揚，湖廣、江西及上江之粟，皆由儀徵壩以達於揚，自揚州經高郵、寶應以達於淮安，計三百餘里。淮安城西，即明平江伯陳瑄所濬之清江浦也，由清江入淮，稍折而北，乃爲清口，正淮、黃會合之地。由清口渡黃，歷清河、宿遷而達邳州之泇口，計二百餘里，則國朝康熙時所開之中河、皂河也。自泇口過黃林莊，經山東臺莊八閘過微山湖，而底屬江南沛縣之夏鎮，則明河臣李化龍所開之泇河也。自夏鎮經獨山、昭陽諸湖，而底山東魚臺縣之南陽鎮，計一百一十二里，則明河臣朱衡所開之新河也。自南陽鎮入濟寧州，經南旺湖分水，過東昌而抵臨清州，計五百餘里，則元代所開之會通河也。由臨清歷武城、夏津、德州入直隸之景州、吴橋、東光、寧津而底天津，計一千餘里，皆衛河也。天津而北，經直沽、河西務而至通州之張家灣，計二百八十里，則白河也。由張家灣入大通河，歷普濟、平津、慶豐諸閘，則至大通橋而邇京倉矣。

夫漕河歷代皆由人力開引，故沿途多借資他澤。自瓜、儀至淮安，則南資高、寶諸湖之水，西資清口所入之淮水。自清口至濟寧，則資沂、泗諸水。自濟寧至臨清，則資汶河及兖、沂諸泉水。水太盛則防其衝決，水太淺則防其滯澁，爰開引河以暢其流，築堤壩以備其衝洩，設閘板以謹其收放。我朝列聖宵旰籌畫，具詳《實録》中，司事之臣惟有實心保固，因時制宜，庶運道永有安瀾之庥，而糧艘悉獲駛行之利哉！

大通河考

大通河，舊名通惠河，又曰裏漕河，乃元至正二十九年春都水監郭守敬所開也。源出昌平州白浮村神山泉，西南會一畝、馬眼諸泉，又經玉泉山東，繞甕山今名萬壽山，匯爲七里濼，東入都城，又匯爲積水潭，南出玉河橋水門，合南北城河，經大通橋而東，至通州高麗莊與白河會，凡一百六十里一百四步。每十里設一閘，以免漕運陸輓之勞，時漕舟可以直達城内之積水潭。明永樂間，諸閘猶存，不以濟運，且以積水潭在禁城内，漕舟既集，不便停泊，又分流入大内，然後南出，其啓閉、蓄洩，尤非人所得專，故通惠河漸淤。嘉靖六年，始濬大通橋起至通州城北之石壩，凡四十里。因地勢高下，修慶豐上、下二閘，平津上、中、下三閘，又東爲普濟閘以蓄水。並造剥船，置口袋，責經紀承領，遞相轉輸，以達於京。國朝乾隆年間，擴萬壽山之西湖爲昆明湖，分水東注，而大通河之上流益暢。其每歲挑濬運道泥淺，則責成坐糧廳監督焉。

白河考

白河即北運河，古沽水也，亦曰潞河。源出宣化府赤城縣之湯泉，流經塞外，入密雲縣之石塘嶺，過縣西入通州界。其支流亦從石塘嶺過懷柔縣西、順義縣東，入通州東境合焉。東南經漷縣、武清而入直沽，凡三百六十里，合衛河入海。按，直沽入海之地，白河自北來，衛河自南來，丁字沽、子牙河諸水自西來，衆川奔會。白河又會潮、榆、桑乾、通惠之水，源高勢峻，有若建瓴，每夏秋暴漲，最易衝決。明季從水部議，挑通州至天津白河深四尺五寸，所挑河工即築堤兩岸。

國朝康熙三十九年，聖祖仁皇帝親臨閱視，於武清縣筐兒港建減水石壩，開引河，夾以長堤，而注之塌河淀，由賈家沽以入海。楊村上下百餘里，河平堤固，有御製碑文誌其事。康熙五十年，以河西務工程緊要，復開務城東至三里屯，河長四百餘丈。雍正四年，從怡賢親王議，拓筐兒港舊壩闊六十丈，展引河，改築長堤。七年，疏濬賈家沽道，壩門以下河水安流，而河西務一帶距壩稍遠，山水暴至，又復漫溢。世宗憲皇帝指授方略，於河西務上流之青龍灣建壩四十丈，開引河而注之七里淀，仍展開寧沽車河，導七里海水而洩之北塘口，上下分洩，運道、民生均獲安謐〔一〕云。

〔一〕謐，底本作「謚」。顯誤，徑改。

衛河考

衛河即南運河也。源出河南衛輝府輝縣之蘇門山百門泉泉在輝縣城西北七里，經新鄉縣北，過衛輝府東北，入直隸大名濬縣境，謂之白溝河此南白溝河也，與北白溝河異，淇水入焉。本西漢時大河所經，後漢建安時亦嘗由此運漕。隋大業中，役丁夫百萬，引白溝爲永濟渠，亦曰御河，由南達北，幾二千里。宋皇祐初，河合永濟渠，仍爲大河所經。南渡後，大河南徙，而衛河如故。金元以來皆漕運所經也。今衛河由濬縣經大名府東北流，與屯氏河相接，歷山東東昌府館陶縣，漳河合焉。又東北流至臨清州板閘，至德州柘園，計長三百五十里。由柘園入直隸界，經吴橋、東光、交河、南皮、滄州、青縣、静海至天津，又六百餘里。元初漕舟由黄河至封邱，陸運百八十里，由淇門入御河以達京師，蓋用衛河之全也。今自臨清始入衛河，蓋用衛河之半云。前明於衛河開減水河二，一在滄州南十五里，一在故興濟縣南，以備衛河泛溢，久而湮塞。國朝雍正三年，怡賢親王奉命開減水河二，河各建滚水石壩，挑濬舊河，分道入海，衛河北至天津始無中路泛溢之虞矣。

會通河考

運河自濟寧州之南陽鎮北至臨清州之板閘，凡五百餘里，皆會通河也。以其沿途置閘，故又名曰閘河；以其兼資汶、泗、洸、沂諸泉水，故又名曰泉河。元初轉漕之路，自浙西入江淮，由黄河至中灣登陸以至淇門，復由衛河登舟以達於燕京。至元二十年，以江淮水運不通，命兵部尚書李奥魯赤等自濟寧州開河，達於東平州之安民山，凡一百五十餘里，北至奉符爲一閘，曰堽城，以導汶水入洸；東北自兖州爲一閘，曰金口，曰黑風口，以遏泗、沂二水亦會於洸，以出濟寧之會源閘按，會源閘即今之天井閘，分流南北。南自任城至沽頭按，任城即今之濟寧州，沽頭在沛縣，其西北流者至安民山，入清濟故瀆按，清濟即今之大清河，經東阿至利津入海。其後海口沙淤，又從東阿舍舟陸運，經二百里抵臨清以下御河。至元二十六年，從壽張縣尹韓仲暉、太醫院令邊源之請，復自安民山西南開河，由壽張西北經東昌以至臨清，凡二百五十里。引汶絶濟，直歸漳、衛，各會道河。明洪武初，河決原武黑羊山，漫過安山湖，而會通河漸淤。永樂九年，因濟寧府同知潘叔正言，遣尚書宋禮疏濬會通河故道。禮以會通之源必資汶水，乃從汶上老人白英計，於寧陽北築堽城壩以遏其入洸之流，於坎河之西築戴村壩以阻其入海之路，使全汶西南流，由黑馬溝至汶上之南旺口，分而爲二：北流抵臨津者十之六，南流達濟寧者十之四（按，今分口流北者十之三，流南者十之七，因地勢北高南下，故變焉。）又濬沙河以益汶，開汶上袁家口新河，左徙二十里至壽張之沙灣，以接於舊河，而會通河以復焉。然河源之最微者莫如會通，全資南旺、蜀山、安山、馬踏諸湖以爲之儲蓄。諸湖水大，則運河易衝決，故壩以障其入；諸湖水小，則運河愈微，故壩以障其出。流駛而不積則涸，故秋後則閉閘以待其盈，春後則開之以濟運。閘之減水者謂之斗門，閘之蓄水者謂之涵洞，沙淤之處則令近河各州縣按里設夫以時其挑濬，此治會通河之大略也。

新河考

新河者，明河臣朱衡所開，以避黄利運者也。元時糧艘過淮，由黄河行七百里。至永樂九年，會通河成，其運道從黄河之㭎栳灣經吕梁、百步二洪，出邳州城東北大浮橋，歷小浮橋至茶城，乃爲北接閘河之口，又六十餘里，至沛縣之沽頭閘，又六十餘里，入魚臺縣界。嘉靖七年，河決曹、單，入沛縣之昭陽湖，沙泥集壅，運道大阻，廷臣胡世寧〔一〕等言，宜於昭陽湖東岸滕、沛、魚臺、鄒縣地方名獨山、新安社諸處别開一河，南接留城按，留城在沽頭閘南二十里，北接沙河口二處舊河，所謂不與水争地也。旋爲異議所阻。至嘉靖四十五年，河決運阻，工部尚書朱衡謂黄水難消，惟此地形高土堅，且河路捷徑，輓輸更便，乃加力開濬，創利建、珠梅、夏鎮、柳莊四閘，並砌馬家橋石隄，開東邵、王家等河以洩沙、薛兩河之水，其昭陽湖之積水，復大挑回回墓河以瀉之。由此，運道俱由新河。其河起南陽，至夏鎮一百十二里，又接夏鎮至留城三十餘里。然夏鎮以南，地逼於黄，不勝黄水之灌，於是李化龍等復議開泇河以避之。故至今用爲運道者，惟自南陽迄夏鎮焉。

〔一〕寧，底本作「凝」，據《胡端敏奏議》卷七《陳言治河通運以濟國儲而救民生疏》改。

泇河考

泇河者，明河臣李化龍所開，以避黃利運者也，以東西兩泇水得名。東泇發源費縣箕山，經沂州卞莊而南。西泇出嶧縣抱犢山，東南流至三合村，與東泇合，又南合武河，至邳州入泗，謂之泇口。明初，運道經徐州、吕梁二洪，懸流水險。隆慶初，都御史翁大立屢請開泇，自馬家橋至邳州，以避二洪之險，因經費難籌而止。萬曆二十一年，汶、泗泛濫，堤潰運阻。挑韓莊中心溝，通彭河水道以入黃，而泇口始闢。其後二十五年，河決黃移，二洪告涸，乃令河臣劉東星尋韓莊故道，鑿良城侯遷閘及挑萬莊，由黃泥灣至宿遷董家口，而泇脉始通。至三十年，河決沛縣，由昭陽湖穿夏鎮，横衝運道。總河李化龍乃復請開泇行運，自夏鎮迄於董口，綿亘二百六十里，以避黃河三百六十里之險。改李家港以避河淤，開王市田家口以遠湖險，中鑿郗山以展河渠，建韓莊、臺莊、侯遷、頓莊、丁廟、萬年、德勝、張莊等八閘，以節宣水利。漕臣楊一鵬復修改，避灣取直，袛長二百六十里。河臣曹時聘復大加展拓，建壩遏沙，修堤度縴，增河官，立公署，而泇爲坦途矣。國朝乾隆二十三年，於湖口閘迄北建滚水石壩，水大則漫壩宣洩，水小則收蓄濟運，於漕運、民田均資利賴。

中河皂河考

明代泇河既開，自夏鎮達於直河口，不由徐、吕二洪，避黄河之險者三百里。後直河口塞，改行董口。國朝康熙六年，董口復淤，遂取道於駱馬湖，渡黄二百里，復由汪洋湖面行四十里始得溝，又二十里始至泇口。第駱馬湖本窪田也，因明季黄水漫溢，停積而成湖，又易淤塞。十八年，前總河靳輔請於宿遷邑西北四十里皂河集，因舊河形而通之。南起皂河口，北至温家溝，築堤四千八百丈。又自温溝歷窑灣，計四十里，建減水大壩三座，以洩山泉暴漲。其猫兒窩至唐宋山則堤之，更於皂河以東挑支河一道，歷龍岡企路口〔一〕以至張家莊出口，是爲張莊運口。蓋自皂河成，而泇河之尾閭復通焉，然自清口以達張莊運口，河道尚長二百里，每遇風濤，動多淹滯。康熙二十六年，復奉命於黄河北岸遥縷二堤之内加挑中河一道，上接張莊運口，下歷桃清山安之地，以達於海，而於清口對岸清河縣西仲家莊建大石閘一座，糧艘一出清口，即截流逕渡，由仲家莊直

〔一〕龍岡企路口，靳輔《治河奏續書·治紀皂閘》作「龍崗岔路口」，似是。

入中河北上。至康熙二十七年，而運道之歷黄河者僅七里矣。又開鹽河一道，自清河縣起，至安東潮河入海，用洩異漲。三十八年，總河于成龍復於中河南岸挑新中河一道，旋合兩新河爲一。康熙四十二年，聖駕巡視南河，以仲莊閘口與清口相值，仲莊水勢衝激，逼溜難行，清口不得暢出，諭總河張鵬翮改建運口於楊家莊，起黄河岸，至中河鹽壩，挑引河一道，更築南北堤岸，建御示閘及花家鹽壩，自是清水暢流，蓄洩有賴矣。康熙六十一年，又於中河北近迦河之地徐家口迤上改挑越河一道，接彭家口行運。雍正二年，於徐家口、勝羊山、大王廟三處建立河清、河定、河成石壩三座。五年，建駱馬湖側之王家溝五孔石閘。十年，修駱馬湖竹絡壩水利。今竹絡壩堵閉，黄河水無涓滴入運河者。

淮安運河考

黄河發源崑崙，歷龍門、孟津，過淮安而入海。淮河發源桐柏，歷潁州、泗州，亦過淮安而入海。清口者，淮黄交匯之區也。洪澤湖者，淮水瀦匯之大澤也。淮水通江爲運道，自春秋吴城邗溝始。淮安西南隅築高家堰，自漢陳登始。開沙河以避淮險，自宋漕臣劉蟠始。明永樂十四年，陳瑄因沙河之舊，鑿清江浦，引運艘由江入淮，設河口閘、新莊閘即天妃閘，以時啓閉。自新莊閘而東，因其高卑遞爲福興、清江、移風等閘，始府南淮陰驛，而合於黄河。又慮黄河漲溢，南侵漕河，於是堤黄河南岸四十里以防之。又慮淮河漲溢，北侵漕河，於是加築高家堰長二十六里以防之。又於城東北置仁、義二壩，以便運船入淮；於城西北置禮、智、信三壩，以便官民商船入淮，所謂淮安五壩也。其後景泰、弘治〔一〕、隆慶年間屢淤屢修。嘉靖年間，廢新莊閘，改置通濟閘於三里溝。萬曆年間，開草灣河以緩清口之衝，並立板閘。後潘季馴築高家堰，起新莊，至越城，長一

〔一〕弘治，底本避諱作「宏治」，徑改回，下同，不注。

萬八百七十餘丈，堰成，淮水復由清口會黄入海，復奏遷通濟閘於甘羅城南，又改福興閘於壽州厰〔一〕適中之處，移築仁、義二壩於天妃閘内，開新河於府南窑灣至武家灣，曰永濟河，置三閘，以備清江浦之險。黄河不復衝決，運道安流。至明末而閘壩之禁弛矣。

我朝修復舊規，康熙年間，就原基建福興、新莊、板閘等閘，又於清口築壩以禦洪流，重運過完則閉，霜降水落則開。又慮官民船隻難以守候，乃修七里墩閘，使洪澤湖水由此進口，由新河文華寺入運口。壩雖築，舟行如故。嗣因河潰閘淤，酌改運口於爛泥淺之上，自新莊閘西南挑河一道，至太平壩。又從文華寺永濟河頭起挑引河一道，南逕七里閘，復轉而西南接太平壩，俱達爛泥淺，兩渠並行，以舒急溜。而爛泥淺一河分其十之二以轉運，仍挾其十之八以射黄，使運口出清口甚便，而黄河不能内灌。康熙二十二年，以天妃閘水勢湍急，改爲草壩，另設七里、太平二閘。三十八年，將清口之西壩臺添挑水壩，比東壩臺加長，包裹清口在内，於洪澤湖水深之處開成直河，使湖水暢流，於黄河灣曲直挑引河，使各險所不得受衝，並修築歸仁堤以防潰決。四十年，挑張福口引河，導清水入運，於張福、裴家場之間開引河一道，會諸引河水，併力敵黄。四十五年，於高堰三壩之下各挑河築堤，束水入高郵諸湖，又於文華寺建減水閘，開濬

〔一〕厰，底本作「敞」，據潘季馴《治河一覽》所載《恭報續議工程疏》改。

引河，分運河漲水，由楊家廟等處入白馬湖。四十六年，於蔣家壩開河建閘，引水由人字河等處下江，由下河等處入海。五十七年，於清口舊西壩接築草壩一座，以束清水。雍正元年，於清口東壩接築大壩一座，西壩加築長二十四丈。雍正四年，加高高家堰土堤。七年，大修高家堰石堤，移建天妃閘，於二草壩下北岸堤内挑引河一道。十年，修築龍王廟閘，利濟漕運。乾隆二十七年，聖駕南巡，閲視清口，命河臣以五壩長水尺寸定東西二壩之拆築，將洪澤湖水預行騰空，俾伏秋汛漲有所容納，徐由張福口、天然河、張家莊、裴家場、天賜河、爛泥淺、三岔河七處引河合流下注，三分入運，七分敵黄，河流安瀾，而下河州縣歲慶有秋焉。嘉慶八年，酌增南河堵壩料價。道光四年冬，高家堰決口。五年，以修砌高堰甫成，清水未暢，借黄濟運河道艱澁，乃以盤壩接運，蕆其事。六年，遵諭旨：以蘇、松、常、鎮、泰四府一州糧由海運，各省之糧仍由河運。七年，遵旨：全漕仍由河運，惟以黄水未能低平，禦黄壩旋啓復閉，乃用倒塘濟運。於壩外築塘，引水灌滿，先開壩放船數百隻入塘，仍行堵壩，俟船出塘後復開壩輪放。運船數千隻，亦得次第渡黄。俟將來沙退黄平，清水暢出，糧舟仍可駛行矣。

高寶運河考

自清口引淮爲清江浦，至烏沙河，滙管家、白馬二湖，及寶應縣槐角樓南諸河相接，西抵泗州盱眙縣界，皆運道所經。明洪武九年，用老人柏叢桂策，就湖外穿渠，築長堤，南北四十里，引水於内，以便舟楫。宣德七年，平江伯陳瑄復築諸湖長堤，堤下皆置涵洞，互相灌注。成化間，造高家潭等處石堤二十餘里，其南高郵、邵伯等湖皆有石堤。運船觸堤，往往撞壞。弘治間，户部侍郎白昂奏開複河以避其險，曰康濟河，南北置閘，以時啓閉，兩岸甃以石。嘉靖五年，於汜光湖東傍堤開新河三十里，遂棄康濟河。又寶應縣至界首，凡有溝河通注於海者，造平水閘十座。十年，又於寶應湖東築越堤，長二十一里。萬曆五年，淮水由黄浦口決入，石堤多壞。七年，修築改建減水閘四座，加高石閘九座，寶應諸河堤岸相接。十二年，於石壩東傍堤開新河三十餘里，以避槐角樓一帶之險，曰洪濟河。

國朝康熙十六年，堵塞高郵州之清水潭，更於湖中遶迴開河一道，改築東西堤，名曰永安河。十九年，再置滚水壩於高郵城南八里。二十年，增置高郵南北滚水壩，前後凡八座。創建寶應子嬰溝，高郵永平巷、南關、八里鋪、柏家墩，江都鰍魚口減水壩共六座。二十七年，江都漫決，運道阻滯。三十九年，從西岸遶挑越河一道，下埽堵築攔河兩壩，漕艘安行，又大修運河堤岸，築永安界首及秤勾灣等處石工，改五減水壩爲四滚水壩，挑人字河、鳳凰橋等處以洩高、邵漲水，由金灣入芒稻河注江，挑蝦鬚二溝以洩山、寶諸水，由涇、澗二河入射陽湖歸海。四十一年，建七里閘、陸漫閘。四十四年，於高郵滚壩下各挑河築堤，由串場河歸海。四十八年，修復黄浦雙閘，開放宣洩水入蜆墟，由鹽城馬家蕩入蝦鬚溝。五十八年，修築南關、五里、車邏三大壩。雍正九年，移建竹絡壩於舊壩北首，並挑引河入青蕩湖，由汜光湖入高郵湖。

瓜儀運河考

《春秋傳》：「吴城邗溝，通江淮。」杜注謂自邗江在今揚州穿溝通射陽湖在今淮安，爲入淮運道。此瓜儀運河所由昉也。宋時嘗建三閘於儀徵，明洪武中，即其地築爲壩。永樂間，海運既罷，專行河運，浙西之粟一百六十餘萬石，由瓜洲壩以達於揚州，上江及江西、湖廣之粟八十八萬餘石，由儀徵壩以達於揚州。瓜、儀洵運道之襟喉矣。弘治元年，始建東關、羅泗二閘。十二年，復於濱江建攔潮閘，潮長開閘放船，潮退盤壩。隆慶六年，自時家洲以達花園港，開渠六里有奇，建瓜洲通江閘二座，以免船隻盤撥之苦。萬曆五年，於瓜洲開港塢以泊運船。

國朝康熙二十八年，於儀徵閘外江口北新洲挑舊河身，直通四閘，一切糧艘俱從沙漫洲轉入新河口。五十四年，因江溜北徙將頭閘堵閉，挑遶城越河一道，改爲運口。五十五年，加築瓜洲花園港越堤，修砌遶城河岸石工，以禦大江衝刷。五十七年，又建花園港重堤於正人洲，挑引河二道以煞江溜。六十一年，建築花園港西邱家港挑水土壩二座。雍正六年，以瓜洲新改運口，逼近城垣，水勢洶湧，舊運口地勢高敞，河形亦寬，復將所改之運口堵閉，挑深舊有運河，令糧艘仍由故道而行，於閘外建築夾壩二道、攔河柴壩一道。雍正八年，以閘河水無關蓄，淮流直注，勢若建瓴，於瓜洲頂閘之上青蓮菴起，至尤家碾止，開挑越河一道，建蓄水草壩於河上，以利漕運。

丹陽運河考

自六朝都建康，凡三吴船避京江之險，乃於丹陽鑿運瀆。隋、唐、宋、元諸朝屢加脩治，然自常州至丹陽河道淤淺，歲費工力。明正統初，巡撫周忱經理運道，於武進奔牛、吕城設爲閘壩，俾漕艘由京口出江，最稱便利。迨景泰間，閘壩漸頹，水道淤淺，有議從蔡涇、孟瀆出江者，因泊海洋，舟多覆溺，仍從周忱故道。增置五閘。

國朝康熙四十七年，在丹陽練湖造湖閘四座，又修造丹徒京口、老人二閘蓄水，以濟漕運。

蘇州運河考

自隋大業中，將東巡會稽，開餘杭河至京口，八百餘里，後代因之，爲轉輸之道，此蘇州運河所以通於浙也。浙運由嘉興府歷王家涇北行，至吴江縣境之平望鎮者曰南塘河，由湖州府南潯鎮東行，經鶯脰湖至平望鎮，而與南塘合者曰西塘河。二河既合，曰官塘河。西北行四十里至吴江縣城東，又引而西北，曰北塘河。又二十里曰夾浦。自吴江縣三里橋至此，水淺不及丈。然南有震澤湖，水勢澎湃，故夾浦橋屢建屢圮。又北經蘇州城西鮎魚口太湖分流，由蠡塘入之，北至楓橋，水不及丈，又北，則過常州府而至丹陽。

浙江運河考

浙江運河之水發源於天目山兩峯頂各一池，相對如目，故名，而宣、歙以東、富陽以北，支分幹流，衆川爲緯，運河爲經。自宋淳熙時，都臨安即杭州府，浚北郭務至鎮江，漕渠凡六百四十里。今自北郭務至謝村爲十二里洋，爲唐棲河，水深闊。德清之水入之，又過北陸橋，入石門，過松老，抵高新橋，海寧支河通之。繞石門城南，轉東北至小楊橋，水淺，時資挑濬。東北石門橋北至皂林驛，水深者及丈。過永新入秀水界，自趙橋鎮至陸門鎮，河俱闊。又北，由嘉興府城西轉而北，出杉青閘，至王江涇鎮，闊六七丈不等，深者至二丈許。又北爲平望鎮，湖州運艘由鶯脰湖西出會之，已入江南境矣。

上江運道考

安慶府大江自小孤山匯彭澤、潯陽而來，經宿松、望江下至府城。東北流九十里，經桐城縣之樅陽口。又四十里，經池州府之清溪。又四十里，至梅根港，江岸頗狹。又東北二十里，爲大通驛。又三十里，經銅陵縣城北。又六十里，爲荻港驛，其北岸爲泥汊河。又八十里，爲三山夾洲。又三十里，經魯港至蕪湖縣。又北二十里，爲東梁山，其北岸爲西梁山，臨江對峙，所謂天門博望之險也。又北四十里，經采石磯，亦名牛渚。又北二十里，經太平府城西。又東北五十里，經烈山入江寧府界。又五十里，至龍江關在江寧府儀鳳門外。又五十里，至龍潭驛。又東北五十里，則抵儀徵壩矣。

江西運道考

江西之川莫大於贛水、彭蠡湖、潯陽江，而漕運皆必經焉。贛水，合章、貢而得名。章水出湖廣郴州，自宜章縣入江西。貢水出福建汀州，至贛州城北而與章水合，漸流至南昌府。運道由南昌府入贛江，行一百二十里。至昌邑，又一百里，入罌子口。蓋彭蠡湖周圍四百五十里，浸南昌、饒州、南康、九江四郡之境。其西北狹處在南昌、南康二郡之界者，謂之罌子口。由罌口歷左蠡至南康府，六十里。又六十里，至大孤塘。又五十里至九江之湖口縣，乃會於九江。九江即潯陽江也。又東北六十里，經彭澤縣，自彭澤而東北凡百二十里，至望江縣之雷港口，入江南界。又東北二十里，爲東流縣。又東北九十里，江之北岸即安慶府城。以下運道與安慶府同。

湖北運道考

漢水出於陝西之嶓冢，東南流千餘里；江水出於四川之岷山，東流二千餘里，會於夏口即漢口。夏口之兩岸，即湖北武昌、漢陽二府城也。糧艘由武漢入江，東折出漢口三十里，曰青山磯。又三十里，爲黄岡縣之陽邏鎮。又八十里，爲團風鎮。又五十里，經黄州城西，對岸則武昌西山也。又四十里，經蘄水縣之巴河。又三十里，爲蘭溪。又四十里，曰黄石港。又三十里，曰道士洑。又五十里，至蘄州城南。又東南五十里，至與國州之富池驛，其南岸即江西瑞〔一〕昌縣境。由富池東南行六十里，經廣濟縣之龍平鎮。又東南十里，經黄梅縣之新開口鎮。又東南五十里即江西九江府城也。自龍平至九江，江邊有路，曰官牌夾，若大水時，由夾中行，自龍平至九江，不及五十里。自九江城東行六十里，至湖口縣城北。以下運道與江西至安慶道同。

〔一〕瑞，底本作「端」，顯誤，徑改。

湖南運道考

湖南運道由湘水而過洞庭湖，由洞庭湖而入江。湘水出廣西之海陽山，至永州府始會瀟水，謂之瀟湘，過衡山，北流至長沙府。運船由長沙府城外入湘，北行百二十里至湘陰縣境。又六十里至黄陵山，過青草湖。青草湖與洞庭相連，洞庭即《禹貢》所謂九江也。漢許慎謂合沅、漸、潕、辰、溆、酉、澧、資、湘九水東入於江，故謂之九江。洞庭湖圍三百六十里。南有青草湖，圍二百六十五里；西有赤沙湖，圍百七十里。當夏秋水泛，則與洞庭爲一，故洞庭湖横七八百里。由青草過洞庭，一百六十里，至岳陽府之荆江口，始入於江。又東七十餘里，至臨湘縣境。又東百十里，至嘉魚縣之石頭驛即赤壁山。又東北九十里，至嘉魚縣城。又東北九十里，至簰頭鎮。又九十里，至金口驛。又六十里，經漢陽府城東北之大别山，東折而北，會於漢水，即漢口也，其東岸即武昌府焉。以下運道與湖北同。

附録

請分別准駁浙江關更定税額奏稿略節

浙江巡撫奏稱浙海關監督請改定羽毛緞布疋税例一摺，據稱：該關羽毛緞向例每丈税一兩二錢，科算較重，以致商販甚少。應改上等者照哆囉呢，每丈税一錢八分，下等者照嗶嘰，每丈税一錢八釐等語。職等查羽毛價值，本在哆囉呢、嗶嘰之間，所請似屬允協，應請議准。

至該關又稱老例載粗白布每十疋税二分四釐，未嘗指明尺寸長短，請改爲單頭布長一丈四尺者，每十疋税二分四釐，連機布長二丈八尺者，每十疋加税四分八釐等語。職等伏思布爲小民日用要物，不可輕議加税。老例載粗白布以十疋起算者，非混同不辨尺寸也。按字典，疋字即古匹字，乃四丈之别名。《禮記》鄭氏注云：四十尺謂之匹。《漢書·食貨志》云：「布長四丈爲匹。」現在京都街市四方貨物輻輳，舖户所賣粗布一疋皆有四丈零，短者亦三丈餘尺。是布四丈爲匹，乃古今之通稱，縱微有參差，相去亦不甚遠。是老例布以疋計，正所以省紛擾而便商民。若如該關所稱，以一丈四尺爲匹，是一疋之布不足以成單衫一件，豈適民用？雖細梭布間或有之，亦布之長短偶不中度者，豈可借以定粗白布之例？若謂連機與單頭有殊，不知《書》稱「倍兩謂之疋」，取兩端匹合之義，惟連機方可稱疋也。倘以一疋而徵數疋之税，名爲請定税額，實爲加倍浮徵，於民間日用難免妨礙。且恐各關效尤，紛請加税，更屬不成事體，似斷不可議准。又查該關歷年照舊例徵收，於正額盈餘並無虧短，何必爲此紛更擾民之舉？應請辦稿具奏，請旨飭令該關照舊辦理。

請駁淮安關於徐州城增收計石米税節略

兩江總督咨稱，據淮安關監督以徐州府車輛及負擔進城米石甚多，請按石徵收米税等語。職等查税務之設，原以徵商。徐州濱河之地，商船往來，故嚮有按船收税之例。若城門擔負之米，則或係佃農輸租業主，或係農民零星糶賣。當其耕種收穫之時，已按畝收其地丁、漕米，若於進城復行收税，似與重徵無異。且加税則市中米價必益昂貴，不惟農民力不能支，亦恐城鄉買食之民益形拮据。本年徐州近境多報偏災，若倣《周禮》

「荒政去幾」之文，正宜招徠各商，令民食有所接濟。倘於本地擔負之米先行加税，似非所以仰體聖主軫恤貧民之意。伏求大人俯准辦稿咨駁，並令各監督於收税事務須率舊章，務崇大體，於國賦民生均有裨益。謹議。

請駁查宿遷關咨改收盱眙〔一〕等處豆税略節

據宿遷關監督咨，盱眙縣李家集等處豆税向來輸税淮安關，不輸税宿遷，舍近税遠，難保無偷漏等事，請嗣後令豆商先輸税宿遷，再赴淮安等語。職等查向來徵收關税，必貨物經由其地，方令征輸。若貨物本不經由其地，既由他關輸税，亦無令其繞道輸税此關之理。職等細閱地圖，宿遷關在黄河之北，淮安關在黄河之南，現在賣豆之盱眙縣李家集等處亦在黄河之南，且有小河可通淮安，順南一路，直抵輸税，原無不合。惟貨由河北出售者，自應由宿遷輸税，若由河以南出售者，令其渡河而北輸税，復渡河而南售貨，難保往來風濤之險，似於民情不便。且查宿遷關例載稽查口岸，並無李家集名，自應請咨交兩江總督體察民情核辦。

〔一〕盱眙，底本作「盱眙」或「盱眙」，顯係手民之誤，徑改。

議奏張家口關監督皮張到關照例先行納税一摺略節

據張家口監督奏稱，該關圈内商人販置恰克圖等處皮張進關，並不照例納税，統俟四五月間出售時始行陸續投税，其中不能無弊。請旨嗣後令該商等於貨物到關時呈驗貨單，先行納税，再行進關入圈。其貨物已經入圈者，亦查詰明白，一體納税等語。臣等查貨物到關納税，例有明文，兹據該監督奏稱，圈内商人販置恰克圖等處皮張進關，並不納税，將貨存貯關内之圈城，俟四五月間出售時，始行陸續投税，實與定例不符。應如該監督所請，皮張到關，照例一體納税，以符定制。但既經收税，放其入關，即應給予納過税銀印票，令該商等收執。至入關後遲早出售，俱聽商人自便，不得復行查詰，致啓重徵之漸。第恐該關書吏於商販入關時既按例收税，於貨物出售時又沿舊稽徵，此等情弊，在所不免，不可不申明禁止。應請旨飭令該監督等，嗣後貨物到關納税，嚴查奸商偷漏、書吏賣放；至已經納税入關，即嚴禁重徵，以省擾累，庶裕課、通商，兩無流弊。

海運議

《禹貢》於冀州貢道云：「夾右碣石入于河。」註云：「自北海入河。」於揚州貢道云：「沿于江海。」註云：「沿江入海，自海而入淮泗。」是三代以上有海運也。史載秦時輓粟起於黄腄、琅邪負海之邦；隋大業間，以舟師濟海，舳艫數百里，並載軍糧；唐咸通時，用陳磻石爲鹽鐵官，專督海運；又韋挺以漕路迂遠，恐所輸不時，至以便宜發海租餉軍，是宋元以前有海運也。元至正十九年，伯顔請開海運，自平江劉家港開洋，直隸楊村馬頭，凡萬三千三百五十里，月餘即達，省費不貲。明洪武間，海運四次餉遼東，每次六七十萬石不等。永樂六年，海運六十五萬石於北京。誠如堂諭所云，簡策可考，非代遠年湮之事也。若謂海運爲必不可行，夫豈通論？然不敢議爲可以常行者，則以元自至正而後，海運六十餘年，明繼元而都北平，若元制果可常行，明人豈肯驟易？乃必命宋禮濬會通河，命陳瑄開清江浦，命潘季訓脩高堰長堤，不惜百萬帑金以營河運，亦必有萬不得已之故也。

國朝靳文襄公謝表云：分黄之説方張，泛海之謀間〔一〕起，是康熙年間已有議海運者。嘉慶八年，蕭給諫芝請由海道泛買浙粟，未蒙諭旨，是豈不知海運迅速，省費勝於河運？特以聖朝舉事，必出萬全之策耳。竊疑海運之難以常行者有四焉〔二〕：

一曰波濤難測也。考《元史》：至正二十八年，海運漂米二十四萬五千六百有奇。至大二年，漂米二十萬九千六百有奇。即如邱文莊言，每舟載米千石，用卒二十人，則歲溺而死者殆五六千人。明嘉靖中，用撫臣梁夢龍等説，亦行數年。後遇龍躍，覆溺數萬。夫河道雖間〔三〕有風火，所失究少；海運所失，動以萬計，則險夷之勢異也。

一曰盜賊難防也。查海道，江南對面係日本、琉球諸夷，山東洋面有一百零五島。自崇明縣之十滧即出外洋，由佘山大洋至鷹游門，一千五六百里，雖皆爲狼山營所轄，然四顧汪洋，無島嶼可依；自鷹游門至廟島，一千五六百里，雖皆爲山東水師營所轄，

〔一〕間，底本作「閒」，誤，徑改。
〔二〕此稱「有四」，而下文其實有三，未見其四，以係原文，不改。
〔三〕間，底本作「閒」，誤，徑改。

然洋面距岸一二百里不等。如果島夷諸民常年安静，自屬可喜。萬一有奸民煽〔一〕惑，不惟剽刼可虞，亦恐逃軍放洋而走。不若内地運河，隨在皆有郡縣管轄，則中邊之勢異也。

一曰丁夫難猝募，船隻難猝齊也。查元代海運，係用朱清、張瑄二人爲都漕運萬户府。二人故海盜，能知海路曲折。元信任二人，黄金虎符，萬户以下出入其手，召募徧東南而莫之問，以故獲其利。國朝功令嚴肅，人品如清、瑄者未必用之。即用之，豈肯假以黄金之富、萬户之權？惟即用販鬻海貨之夫、裝載海物之船，或可資其駕輕就熟之益。然商人有利則趨，有害必避，且隨時雇募，非同額設，多予雇費，未必不鼓舞從事；稍有艱險，即難禁其不存退諉。沙船倘有損壞，未必皆能按期修造，則官商之勢異也。明代之所以不用海運而用河運者，未必不因乎此。此所以不敢議爲可常行也。

若夫因時制宜，又自有現在情形：近來福建錫船、浙江豆船，莫不航海往來。上年議召買台米，業蒙諭旨，遂令遠方佳稻得濟京餉。去年高堰堤決，洪澤水涸，運河滯澁，今高堰雖經興修，洪澤尚未灌滿，勢難令全漕抵通。譬如醫家用藥，緩則用平劑，急則用峻劑，事在相時權衡。海運之策，似來歲可暫試行，俟河道通暢，再復舊制。仍請奏明，勅令近海督撫諸臣察看情形妥議，庶有裨益。

〔一〕煽，底本作「煽」，顯然有誤，徑改。